REFLEXIONES SOBRE CUBA
Y
SU FUTURO

COLECCIÓN CUBA Y SUS JUECES

EDICIONES UNIVERSAL, Miami, Florida, 2003

LUIS AGUILAR LEÓN

REFLEXIONES SOBRE CUBA
Y
SU FUTURO

EDICIONES UNIVERSAL

Primera edición, 1991 / 0-89729-590-0
Segunda edición, corregida y aumentada, 1992 / 0-89729-647-8
Tercera edición, revisada y ampliada, 2003 / 1-59388-011-1

EDICIONES UNIVERSAL
P.O. Box 450353 (Shenandoah Station)
Miami, FL 33245-0353. USA
Tel: (305) 642-3234   Fax: (305) 642-7978
e-mail: ediciones@ediciones.com
http://www.ediciones.com

Library of Congress Catalog Card Nº 90-85538
I.S.B.N.: 1-59388-011-1

Diseño de la cubierta: Luis García Fresquet

«No hay estudio más melancólico que el de las grandes catástrofes históricas y no sólo por el triste espectáculo de las ruinas que siembran a su paso, sino por la convicción que nos dejan de la incurable ceguedad humana»

Enrique José Varona, «*Violetas y Ortigas*».

«Incitar a pensar es lo importante... el acuerdo o el desacuerdo son frutos secundarios».

Maculay, «*An Essay on England*».

ÍNDICE

Prólogo a la Segunda Edición

F ue una muy placentera sorpresa, para mí y para mi amigo y
editor Salvat, que la primera edición de estas breves «Reflexiones» se agotara en menos de cuatro meses, después de estar por siete
semanas en la lista de los diez libros de mayor venta que publica el
Nuevo Herald.

Acallando un tanto mi personal satisfacción, me inclino a pensar
que tal favorable acogida, reflejada también en los numerosos comentarios publicados en Miami, Nueva York y Los Angeles, todos los
cuales agradezco de corazón, tiene más que ver con la avidez de los
cubanos, y de los interesados en Cuba, por comprender los términos
de la tremenda ecuación histórica que nos ha tocado vivir, que con el
intrínseco mérito del libro.

En esta segunda edición he procurado corregir las hordas de
errores tipográficos que inundaron la primera, y algunos deslices
históricos que se me escaparon, como ese de atribuirle a Lord Acton
una frase sobre la esclavitud que emitió Hugo Grotius; y el no rendirle
merecido tributo a la magnífica obra de Jorge e Isabel Castellanos
Cultura AfroCubana. He ampliado, menos de lo que hubiera querido,

algunos aspectos de los temas anteriormente tratados y he añadido ciertos análisis sobre asuntos que, como «el carisma de Fidel y el sometimiento de las masas», me parecen esenciales a la comprensión del proceso cubano.

Se me quedó en el tintero, o en una de las circunvalaciones de la computadora, una más extensa exploración de un tema fascinante que aquí me limité a apuntar: la sutil y muy conveniente diferencia que hicieron los cubanos entre el «sueño» de Martí, al cual se le rendían todos los tributos, y «el proyecto» de Martí sobre la república, al cual apenas si se le prestaba atención. En algún momento habrá que analizar los resultados de esa divergencia.

Además de «Fidel y su carisma», son nuevas las páginas dedicadas a analizar, «el dualismo Revolución = Fidel como estratagema política», «la concepción de Cuba como proyecto», y tres artículos que escribí cuando en la isla agonizaba la libertad.

Como apunté antes, abrigo pleno agradecimiento a todos los que se tomaron la molestia de escribirme y de publicar comentarios sobre este libro. En tal plenitud de gratitud incluyo a los que criticaron algunas de las reflexiones, arguyendo, por ejemplo, que el «ombliguismo de Cuba» no es un mito sino una realidad puesto que Cuba *sí* es el ombligo del mundo. Y aquellos que me juzgaron duramente porque opinan que mi libro es muy duro con nuestro proceso histórico. Curiosa, o significativamente, hubo también quien ha juzgado como demasiado optimista mi perspectiva del futuro de Cuba.

Quisiera cerrar este prólogo reafirmando lo que expresé en el primero.

«Junto a mi personal preocupación, late en estas páginas un sincero deseo de incitar a la meditación y al diálogo. Si alguna de ellas infunden en alguien la voluntad de pensar seriamente en el agónico futuro de Cuba, aunque sea para, sin gritos ni aspavientos, refutarlas parcial o totalmente, me he de considerar ampliamente recompensado.

Bien consciente estoy de que, como dije al principio, mi generación, la generación de Fidel Castro, como el Máximo Líder, periclita. Pero esta generación náufraga tiene un último deber de generosidad: el señalarle a los que nos siguen los escollos que nos llevaron al naufragio. Seguiríamos así la noble incitación de nuestro gran poeta Heredia, quien vivió también en tiempos humeantes, y le consagraríamos a los navegantes del futuro «las húmedas reliquias de la nave».

Si me fuera dado el vislumbrar entre esos jóvenes, los de allá y los de acá, quienes son los que enarbolan la antorcha del ideal de libertad y justicia que Cuba desesperadamente necesita, sería yo el primero que me inclinaría a atarles las nobles sandalias para hacerles más liviana la carrera.

Georgetown University, abril de 1992.

REFLEXIÓN PRIMERA

De los mitos y las metas

«Nada urge tanto en Hispanoamérica como una general estrangulación del énfasis».

Ortega y Gasset, Carta a un Joven Argentino; *Obras Completas*; Vol II; p. 348.

FIDEL FUNESTUS

> «Mais le condottieri arrogant tourmenté, dogmatique, clinqant et violent, ne peut plus être un recours».[1]

F idel Castro periclita. Desde un punto de vista histórico, no importa que logre incrustarse en el poder unos meses o unos años más y que se hunda incendiando un horizonte. Por muy desastrosos que esos eventos sean, el hecho es que a Fidel le quedan pocos granos de arena en el reloj de la historia. Con él periclita una generación, una era, todo un siglo. En Cuba, el siglo XIX fue un siglo ascensional de afirmación y formación nacional, figuras intelectuales egregias, y tenaz y costosa lucha por la independencia. A pesar de sus logros económicos y sociales, el siglo XX se registrará en nuestra historia

---

[1] «Pero el condotiero arrogante, atormentado y dogmático, aparatoso y violento, no puede ser ya una solución». Jeanine Verdes-Leroux, *La Lune et le Caudillo* (Paris: L'Arpenteur, 1989) p. 440.

como un siglo batido por hondas frustraciones. La centuria se inició con la ocupación militar de Cuba por tropas norteamericanas y la Enmienda Platt, se estremeció con un episodio revolucionario en 1933, sufrió un golpe de Estado en 1952, bordeó el Apocalipsis en 1962 con la cohetería rusa, y finaliza con la prolongada agonía de la revolución castrista, cuyo último estertor puede franquear oleadas de sangre.

Es hora de asomarse por sobre las sombras actuales, no para pulir constituciones e imaginar gobiernos, sino para tomar conciencia del magno desafío que despliega el futuro más allá de Castro. Cuba ha tenido el sombrío privilegio de haber sido la única nación latinoamericana aherrojada por un caudillo comunista. Esa lamentable unicidad nos deja horros de antecedentes y guías para la faena de la reconstrucción. Los pueblos europeos que, bajo circunstancias radicalmente distintas, se han liberado del socialismo e iniciado el escabroso camino hacia la democracia y la libertad de empresa, apenas si pueden ofrecernos algo más que lejanas orientaciones sobre como remontar los escollos del sendero.

La tarea que aguarda a los obreros de la nueva era es de doble filo: derribar escombros y edificar sobre ellos, rehacer ciudades y hacer ciudadanos. Conviene comenzar por aventar muchas telarañas del pasado para tratar de encontrar fórmulas nuevas, imaginativas, flexibles, que abarquen la economía, la política y la educación; planes que sean, simultáneamente, metódicos y ajustables, que le den amplia cabida a las improvisaciones que ha de demandar una nación devastada que ha vivido más de cuatro décadas ausente de los cambios que han transformado al mundo. Además, Cuba va a requerir enormes cuotas de generosidad y patriotismo.

Porque la perspectiva del futuro otorga estrecho margen a las ilusiones. La reconstrucción material y moral de la Isla, alzar a los cubanos del marasmo que los abate para que logren erguir la conducta y el pensamiento sobre sus propios esfuerzos, es tarea hercúlea. Y librarse de la sombra de Fidel Castro no va a ser fácil.

Los pueblos latinos, y más los hispanoamericanos, viven sitibundos de mitos heroicos y albergan una extraña añoranza por los «hombres fuertes»[2]. Napoleón le costó a Francia un millón de muertos y la ocupación de París por ejércitos extranjeros. Pero el mito napoleónico sepultó a la realidad. Treinta años después de Waterloo, el nombre Napoleón bastó para llevar al poder a un Bonaparte inepto. En Paraguay, Francisco Solano López, quien contribuyó a hundir al país en una guerra homérica y suicida, es venerado como héroe nacional, y la sombra de Perón se cernió por cuatro décadas sobre el panorama político argentino.

En Cuba, agazapado en la conciencia colectiva del pueblo, en y fuera de la Isla, sigiloso y nocivo, puede quedar el virus infeccioso del poder absoluto, la imagen tentadora de las multitudes aullantes frente al líder inasible. Ese virus representa el peligro mortal del verdadero «Fidelismo sin Fidel» al que le temo: el contagio que nos llevó a ser el «kranken volk», «el pueblo enfermo» a que hago referencia en este ensayo.

Se trata de una sinuosa aspiración que alienta en la conciencia de aquéllos que quisieran llegar al poder, no para barrer todo lo que Fidel significó e inaugurar la democracia en un pueblo que no la ha vivido, sino para ser ellos los nuevos fideles. Aspiración sin sentido, porque el carácter y la circunstancia de Castro no se han de repetir, pero la persistente tentación de copiar el modelo puede hacer un daño atroz. Por lo pronto, sirve de barrera al proceso de saneamiento democrático que nos es vital. No importa que esos aspirantes de allá y de acá ostenten otros nombres u otras ideologías. El cesarismo, la voluntad de poder, no tiene ideología ni uniforme, sólo tiene propósito.

Para combatir ese virus, y otros tóxicos que fluyen por las arterias nacionales, es preciso hacer una revisión «in profundis» de la historia de Cuba y, entre otros, tratar de deshacer tres mitos nocivos de la «psique» nacional: el del «ombliguismo» de Cuba, el de Fidel Castro y su «carisma», y el de la revolución necesaria.

---

[2] La lista de dictadores depuestos y luego elegidos por el voto popular, Vargas en Brasil, Perón en la Argentina, Ibáñez en Chile, es larga, y eso sin contar a los que, como Pérez Jiménez en Venezuela, Rojas Pinilla en Colombia y Odría en Perú, llegaron a integrar poderosos núcleos políticos.

En Alemania, el espectro de Hitler fue exorcizado por la más profunda campaña de higiene mental que conoce la historia. Expuesto a un implacable escrutinio histórico, a Hitler y su Tercer Reich se le despojó de todo destello de gloria y se le mostró como un espectro brutal, que una vez dominó a toda Europa. No queda en Alemania ni el polvo que pisaron sus formidables legiones.[3] Stalin y, fundamentalmente, Lenin han de pasar por un similar proceso de expurgación si Rusia quiere abrirse a una auténtica democracia. La imagen de Fidel Castro requiere también una autopsia desmitificante que higienice el ambiente cubano.

La democratización es tarea ardua y cotidiana que comienza con una disciplina de respeto al prójimo. Por eso, en estas páginas, dedicadas esperanzadoramente a los jóvenes, hago hincapié en la importancia del diálogo y en la tradición ética de Cuba, e incluyo una lección de Martí sobre la necesaria civilidad de la república, y otra de Shakespeare sobre el error de creer que el cesarismo termina con la muerte de César.

En la América Latina defender la democracia requiere un esfuerzo cotidiano de educación popular y ejemplaridad en la administración pública que cierre la más dañina quiebra de un sistema democrático: la corrupción pública y privada. Esa quiebra es la que le entreabre las puertas a la permanente amenaza del caudillismo individual o del caudillismo institucional representado por las Fuerzas Armadas. Por eso, en los países latinoamericanos, la pugna por la democracia y contra la dictadura asemeja a la lucha de los alcohólicos contra la intoxicación: no termina nunca, no permite la ilusión de que ya se ha vencido y se puede reposar sobre la victoria. La tentación de la bebida, o del «salvador de la patria», está ahí siempre, al alcance de la mano, o de una debilidad.

Iniciemos la ofensiva contra los tres mitos, señalando la conveniencia de disolver las toxinas del nacionalismo cubano para reducir a niveles de cordura el desmesuramiento de creer que Cuba es el

---

[3] El llamado Neonazismo que ha aparecido recientemente en Alemania es, hasta ahora, una reacción minúscula dirigida contra los inmigrantes extranjeros.

ombligo del mundo y tiene una misión trascendental que cumplir en la historia. Engarzada en el famoso «sueño» de Martí, esa exageración del patriotismo, ese síndrome de Dulcinea del Toboso, obligada siempre a demostrar que es «la más fermosa que ojos humanos han visto», ha fomentado indiscutibles audacias, pero también nos ha conducido a graves testarazos y frustraciones. El empeño de Fidel Castro de inflar a Cuba al rango de potencia mundial, para que sirviera de pedestal a su grandeza, es el ápice de ese mito, mas no es posible cercenar el ápice sin reducir a límites de cordura la exageración que de base le sirve.

PRIMER MITO: EL OMBLIGUISMO DE CUBA

El mundo tiene unos pocos ombligos (del latín «umbilicus», el centro protuberante de un escudo), unos pocos centros prominentes cuyas vibraciones irradian por casi toda la faz del planeta. Cuba no es uno de ellos. La Isla suele ser entrañable para los allí nacidos. Pero tal amor, por el cual puede sacrificarse todo, incluso la vida, no debe conducir a distorsionar la importancia de Cuba. En 1868, muchos patriotas creyeron que por ser Cuba la llave del Golfo de México y el «espejo de América», los Estados Unidos y los países hermanos del Continente iban a volcar su ayuda en nuestra lucha por la independencia[4]. Nada de eso ocurrió. La guerra duró diez años y nadie acudió a apoyarnos. Treinta años más tarde, durante la segunda guerra de independencia (1895-98), Enrique José Varona confesaba que de todos los reveses sufridos por los revolucionarios cubanos, ninguno los hería

---

[4] En 1865, antes de comenzar la Guerra de los Diez Años, El Partido Democrático de Cuba hizo un llamado a la América Latina: «La causa de Cuba es la causa de América; es la causa de la humanidad ...rodeada de repúblicas que sufren la proximidad del despotismo, es imposible que desprecien la mejor ocasión que podía presentárseles para echarlo de América. Debemos, por tanto esperar que nuestros vecinos nos auxilien...para que Cuba rompa sus cadenas, evite su ruina y salga del estado de abyección en que vegeta tristemente, como abandonada en medio de sus felices hermanas de América». Vidal Morales y Morales, *Iniciadores y Primeros Mártires de la Revolución cubana.* (Habana: Imprenta el Avisador Comercial, 1901) pags 422-23.

tanto como la postura indiferente, cuando no hostil, que habían adoptado los gobiernos hispanoamericanos[5]. El ombliguismo nos turbó la visión. Y hoy, cien años más tarde, los cubanos que aún luchan contra Castro se sienten abandonados por la estructura política americana. Por su parte, las democracias latinoamericanas prefieren criticar a los Estados Unidos.

En 1895, José Martí añadió su genio al desmesuramiento. Por un momento, al Apóstol se le nubló la perspectiva y proclamó que la independencia de Cuba iba a salvar a la América Latina, contener la expansión de los Estados Unidos y «restablecer el equilibrio del mundo». La enormidad de la empresa se hizo añicos frente a la realidad. La América Latina siguió su rumbo, los Estados Unidos se desbordaron sobre el Caribe y el equilibrio del mundo mantuvo su balance.

A pesar del fracaso, o acaso por el fracaso, el sueño trunco e hiperbólico quedó clavado en la conciencia colectiva. Y, como alguna vez percibió Luis Ortega, se llegó a medir toda realidad nacional por la cercanía o la distancia al «sueño de Martí». Un sistema de juicio que todo lo tasa por lo inalcanzable, nos condenó a una perpetua desilusión y a un perpetuo resoñar, y nos intensificó esa voluptuosa tendencia, que arde en la sangre hispana, de calificar como fracasos todos los empeños de nuestros compatriotas.[6]

En la década de los Cincuenta, el olvidado Gustavo Pittaluga publicó unos «Diálogos sobre el Destino» y halagó la conciencia nacional incitando a que Cuba ejerciera el liderazgo regional que le estaba reservado. El libro, que contiene algunas agudas observaciones sobre nuestro carácter, lo prologó Jorge Mañach. Una vez más vibraron los gratos violines del desmesuramiento. Cuba estaba «destinada» a dirigir algún tipo de Confederación del Caribe bajo una especie de suave imperialismo cultural y geográfico de límites borrosos. Hoy

---

[5] Enrique José Varona, *Artículos Periodísticos* (Habana, 1949) p. 26.

[6] Es sorprendente lo poco que se ha estudiado la veta negativa que corre por la literatura cubana del siglo XX, desde Francisco Figueras que escribía en 1902 (*Cuba y su Evolución Colonial*), hasta Jorge Mañach en los sesenta, y que asoma en poetas, novelistas y en figuras tan egregias como Enrique José Varona y Fernando Ortiz

guiamos al Caribe, mañana guiaremos a la América Latina. La tesis fue seriamente discutida.

Al final de esa década emergió Fidel Castro. Su oceánica ambición personal coincidía con ese «destino» universal de la Isla[7]. En su afán de grandeza, Castro dilató a Cuba más allá de sus posibilidades. Los Andes iban a ser la Sierra Maestra del continente y La Habana el centro de una revolución Tri-Continental, guiada por un genio más grande que Bolívar y Marx[8]. El desorbitado reclamo provocó una reacción rotundamente negativa: la América Latina respondió al desafío guerrillerista de Castro con una lluvia de golpes militares. De 1963 a 1973, apenas si un puñado de gobiernos democráticos sobrevivió a la cortina de sables que se abatió sobre el continente. Más tarde, en Angola y Etiopía, la pretensión de Fidel de jugar el papel de Escipión el Africano culminó en un sangriento e inútil sacrificio de vidas cubanas. Tras quince años de cruenta lucha, el ejército cubano se vio forzado a retirarse de África, sin victoria ni gloria, cargando en las mochilas la humillación de ver a los líderes «socialistas» que habían ido a defender entenderse con el «enemigo», como en Angola, o escapar del país, como en Etiopía, perseguidos por la furia y el odio de sus pueblos.

Cuarenta y tres años de aventurismo imperial por los caminos del mundo han dejado a la Isla exhausta, al líder desprestigiado y al pueblo en la miseria. Miles de tumbas de cubanos anónimos han

---

[7] Significativamente, en 1968, Raúl Castro acusó a los integrantes de la llamada «microfracción» del «traidor» Aníbal Escalante» de propalar declaraciones como «*Fidel quiere que Cuba se convierta en el ombligo del mundo,* para alcanzar una estatura superior a la de Marx, Engels y Lenin». El texto completo en Raúl Castro, *Informe* (Montevideo: Talleres Gráficos, 1968) p. 61.

[8] La arrogancia de Fidel Castro, quien tildaba de «cobardes» a los comunistas que no seguían sus pautas, obligó a los dirigentes del Partido Comunista de Venezuela a rechazar públicamente esa pretensión a ser «el único autotitulado oráculo de la revolución continental». El documento, «Respuesta a Fidel Castro», fue publicado en «El Nacional», Caracas, marzo 17 de 1967 y reproducido en Luis E. Aguilar *Marxism in Latin America* (New York: Alfred Knopf, 1968) pags. 257-61.

quedado dispersas por el mundo. Los «héroes sin redención y sin historia» de que hablaba el poeta Zorrilla San Martín.

El exilio cubano también enarboló las banderas del desmesuramiento. «O se salva Cuba o se pierde América», fue una vez un lema, con aristas de dilema, que nos pareció irrefutable. Volvíamos a creernos pieza esencial para restablecer el balance mundial. La América progresó hacia la democracia y el comunismo se derrumbó en Rusia sin que Cuba fuera liberada. Evidentemente, Cuba, como Sri Lanka o Taiwán, no alteran el equilibrio o el desequilibrio del mundo. Cuando esa realidad se aceptó en Taiwán, las energías colectivas se concentraron en objetivos económicos y políticos alcanzables. Así nació uno de los «milagros» económicos del mundo actual.

Con tales ejemplos del pasado y del presente, es urgente predicarle a las nuevas generaciones cubanas, cuando y como esa prédica sea posible, que el pueblo puede alcanzar mejor destino si renuncia a sueños desorbitados y se consagra a la tarea de crear riquezas, paz y justicia dentro del ámbito que señalan las limitaciones de la Isla. Ni colonia de nadie, ni potencia mundial. Ni vanguardia revolucionaria ni retaguardia del capitalismo. Isla pequeña, creadora, orgullosa, fecunda y feliz.

A quienes la historia les depare esa oportunidad de predicar cordura, les cabría la noble misión de restablecer el equilibrio interno de Cuba. Nada más, pero tampoco nada menos. Aunque todos hemos heredado un ramillete de la demencia de Don Quijote, conviene siempre recordar que aun a nuestro glorioso Hidalgo le llegó el momento de recuperar la razón y poner en orden sus asuntos. Fue entonces, según cuenta el maestro Cervantes, cuando se le volvió a conocer en su pueblo no como a Don Alonso el Grande, sino como a Don Alonso el Bueno. Un título que, aplicado a naciones o individuos, y especialmente a la dolorida Cuba, a mí se me antoja como muy apetecible y afortunado.

SEGUNDO MITO: EL LEGENDARIO COMANDANTE Y SU LABERINTO

a) La circunstancia cubana

Principiemos por poner el mito en perspectiva histórica. Por razones harto complejas, antes de Fidel Castro, en Cuba no había surgido el tipo de caudillo que, sobre todo en el siglo XIX, asomó su duro perfil sobre el horizonte hispanoamericano. Durante esa centuria, Cuba estaba aún atada al sistema colonial español del cual quería liberarse. La figura que llegó a convertirse en el símbolo de esa lucha nacional, José Martí, era todo lo opuesto a un caudillo; era un poeta de prosa alada y sueños democráticos, a quien, muy justamente, se le reconoció otra jerarquía, la de Apóstol. El único gran héroe de la guerra de independencia que sobrevivió a la contienda, el generalísimo Máximo Gómez[9], llegó a la paz copioso en años y modestia, y murió apenas cruzaba los umbrales de la independencia.

La ausencia de caudillos, y la casi mística devoción que se desplegó en torno a la memoria de Martí, devoción, de paso sea dicho, que, concentrada en rendir tributo al sacrificio y al «sueño» del Apóstol, eximía de todo esfuerzo por tratar de seguir su ejemplo o realizar sus proyectos[10], no eran garantía de que no existiera en Cuba una latente vocación caudillista, cuyos brotes fueron perceptibles durante la guerra de independencia, que hubiera podido aflorar al iniciarse la República.

Pero la República nació protegida y vigilada por los Estados Unidos, y el ejército cubano no fue creado hasta 1908, al finalizar la segunda intervención norteamericana. De ahí en adelante, hasta 1933-34, cuando una convulsión revolucionaria derribó al presidente Machado y se abolió la Enmienda Platt, la presión de Washington embri-

---

[9] Notemos la hipérbole: Máximo Gómez era más que un general era un «generalísimo».

[10] Dualidad paralizante que recuerda la de aquel inerte caballero de Pérez de Ayala: «reposan sobre su cabeza, la mariposa del ensueño y el escorpión de la pereza».

dó nuestras algaradas políticas e impidió que se desmandaran hacia graves alteraciones del orden constitucional.

Al General Mario G. Menocal, presidente de la República de 1912 a 1920, se le conoció como «el Caudillo», pero Menocal no tuvo nunca voluntad, ni ocasión, de demostrar el apetito de poder que ese subnombre indicaba. En 1928, el presidente Gerardo Machado, a quien se le llamó «el Egregio», desplegó dura ambición dictatorial, pero la oposición, la crisis económica de 1930, y la intervención del Embajador norteamericano, le segaron temprano el vuelo caudillista.[11] Después surgió el sargento Fulgencio Batista, a quienes algunos partidarios llamaron «el Hombre». Batista, sin embargo, no encajó nunca en molde de caudillo; se inclinaba más a la manipulación política y a la corruptela que a la fusta dictatorial. De 1934 a 1944, Batista tuvo una trayectoria esencialmente positiva: restableció el orden político, alentó la proclamación de una nueva constitución, le dio paz a la República y permitió que, en elecciones honradas, venciera la oposición. En 1944, el Partido Comunista Cubano lo aclamó como «uno de los más grandes demócratas del continente». En 1952, aprovechando el vacío creado por el descrédito de los gobiernos auténticos (1944-52), y por el suicidio del líder de la oposición Eduardo Chibás (1951), casi empujado por un grupo de ambiciosos oficiales, volvió al poder con un golpe militar que destruyó el orden constitucional y legitimó la violencia «revolucionaria».

En esa segunda etapa, Batista se inclinó más que antes a la pasividad y la corrupción. Reflejo del sargento aupado a general que lo comandaba, su ejército, desmoralizado e ineficiente, se mostró incapaz de derrotar o contener a las guerrillas de la Sierra. El 31 de diciembre de 1958, de madrugada, como había llegado al poder, Batista se fugó de la isla.

Entonces surgió el «glorioso comandante» y se dio en Cuba una de esas simbiosis insólitas que ocurren muy esporádicamente en la historia de los pueblos. La condición objetiva, el larvado anhelo

---

[11] A ese episodio está dedicado mi libro *Cuba 1933: Prologue to Revolution* (Cornell University Press, 1972).

popular por una figura apostólica que salvara el «sueño de Martí», coincidió con la condición subjetiva; el caudillo que emergía tenía una oceánica voluntad de poder y un extraordinario genio para alcanzarlo. A las pocas semanas del triunfo revolucionario, no había en Cuba Federación Estudiantil, ni Movimiento 26 de Julio, ni Ejército Rebelde. Había sólo Fidel. La dinámica ecuación inicial que Castro formuló, «El Pueblo es la Revolución, la Revolución es Fidel», se hizo pronto demoledor ariete que pulverizaba figuras y prestigios. Fidel era la Revolución.

Camino a la cumbre, al Comandante en Jefe lo acompañó una suerte casi cesárea. Por variadísimas razones, todos las organizaciones e individuos que habían luchado contra Batista, y que hubieran podido ser centros respetables de oposición o freno al monopolio revolucionario de Fidel, desde Frank País y los militares «puros» (así calificados porque conspiraron contra Batista), hasta los guerrilleros del Escambray y la Federación Estudiantil, habían caído en la lucha, o llegaban a la victoria, como los estudiantes tras el audaz y fracasado ataque al Palacio Presidencial en 1957, diezmados y débiles. Un golpe de televisión del líder bastó para hundirlos en el anonimato. La Revolución era Fidel.

b) La circunstancia internacional

La circunstancia internacional, el «timing» histórico del triunfo castrista, trabajó también a su favor. Desilusionada, como siempre, por la política estrechamente anticomunista que los Estados Unidos habían desplegado después de la Segunda Guerra Mundial, y resintiendo la preferencia por Europa que Washington demostraba, la América Latina estaba más propicia que de costumbre a aplaudir a cualquiera que se enfrentara al Coloso del Norte. Una emergente Nueva Izquierda, formada por jóvenes marxistas desencantados del comunismo «oficial», vitoreó delirantemente, e intentó seguir el ejemplo, de unos «guerrilleros» que parecían haber vencido sin atenerse a los fatigados esquemas teóricos de los viejos partidos comunistas[12]. Por su parte, la vieja izquierda estalinista celebró una inesperada derrota del imperialismo que redundaba en beneficio de la Unión Soviética. Y los conservadores mostraron su satisfacción ante un líder que le demostraba a los «yanquis» lo que podía ocurrir en el continente si Washington no atendía sus sugerencias. Así, en «nuestra América», el cántico de gloria a Castro fue casi unánime.

Simultáneamente, los intelectuales europeos de izquierda, recién sacudidos por las públicas revelaciones de los crímenes de Stalin, por tanto tiempo negados, y por la brutal invasión soviética de Hungría en 1956, buscaban héroes frescos. Los europeos acababan de descubrir, o concebir, al Tercer Mundo, un mundo virginal e inocente que iba a librar al horizonte humano de todas las inmundicias del capitalismo y del comunismo. El indio Nehru fue alzado a nivel de filósofo, el egipcio Nasser a oráculo de una nueva revolución, y el indonesio Sukarno, quien recibía a algunos dignatarios europeos acariciando los pechos desnudos de sus mujeres, a categoría de líder sabio que regalaba consejos atendibles[13]. Prologado por Jean Paul Sartre, el cáustico y estéril libro de Franz Fannon «Los condenados de la tierra», fue laudado como una nueva profecía.

En los Estados Unidos, los eternos peregrinos del progreso, «la izquierda dorada» de Beverly Hill y los radicales del mundo académico, siempre prestos a aplaudir, y a disculpar, a todo el que en el Tercer Mundo tenga visos revolucionarios, le abrieron los brazos al nuevo Robin Hood. Unos años más tarde, la oposición a la guerra de Viet-Nam conmovió a las universidades norteamericanas y realzó el atractivo de la revolución cubana.

---

[12] La tesis castrista de la guerrilla como vanguardia revolucionaria, defendida por Regis Debray y el «Che» Guevara, fue combatida como una herejía marxista por Moscú y casi todos los partidos comunistas latinoamericanos. Para más detalles del complejo debate, ver Luis E. Aguilar, *Marxism in Latin America* (Temple University Press, 1978), especialmente pags. 60-74.

[13] Vale la pena recordar que cuando en 1959 Sukarno visitó a La Habana, expresó su pasmo de que a Cuba se la considerara como a un país subdesarrollado.

En esa atmósfera, Fidel Castro y el «Che» Guevara devinieron héroes instantáneos. Una procesión de entusiasmados intelectuales, dispuestos a ver sólo lo que querían ver, visitó a Cuba y, al estilo de Jean Paul Sartre o C. Wright Mills, salieron cantando alabanzas al socialismo con rostro humano y ritmo de chachachá que se estaba gestando en el Caribe[14]. Sartre, quien provocó hilaridad entre los propios revolucionarios cubanos al describirlos como jóvenes tan apasionados por la causa que no bebían alcohol, se olvidaban de las mujeres, de comer y de dormir, concluyó su libro con una frase lapidaria «los cubanos deben triunfar o lo perderemos todo, hasta la esperanza».[15]

Más tarde, al final de la década de los sesenta, cuando algunos intelectuales cayeron en la cuenta que se habían equivocado y que el viejo Stalin asomaba su terrible ceño en Cuba, la mayor parte de ellos no confesó su error ni condenó al régimen de Castro, simplemente le dieron la espalda a la isla defraudante y buscaron nuevas ilusiones.[16] La «izquierda dorada» nunca pierde la esperanza de que el Tercer Mundo le proporcione causas que le permitan exhibir sus confortables principios anticapitalistas.

No hay que olvidar que en 1958 los soviéticos lanzaron al espacio el primer satélite espacial, el «Sputnik», circulando sobre el mundo la idea de que la Unión Soviética había superado técnicamente a los Estados Unidos y que la victoria final del socialismo estaba asegurada.

---

[14] Theodor Draper fue uno de los pocos intelectuales que no se dejó deslumbrar por la algarabía «revolucionaria» y analizó fría y certeramente lo que estaba ocurriendo en Cuba en su libro *Castro's Revolution: Myths and Realities*. Al cabo de cuarenta y tres años de tinta gastada y desgastada sobre Cuba, su penetrante diagnóstico inicial provoca una merecida admiración.

[15] Sartre, *Huracán sobre el azúcar* (Buenos Aires: Merayo Editor; 1963) p. 204.

[16] El proceso de los intelectuales europeos está nítidamente analizado por Jeanine Verdes-Leroux en *La lune et le caudillo* (Paris: L'Arpenteur; 1989). Inclusive Regis Debray, quien en 1967 se convirtió en vocero de la nueva estrategia castrista con su libro, *Revolución en la Revolución?*, tuvo más tarde la avilantez de confesar que él no sabía nada de la América Latina cuando escribió ese «librito» que él «prefería olvidar».

En 1960, para muchos en el Tercer Mundo, jugar, y jugarse el futuro con la baraja rusa, lucía razonable.[17]

c) El impacto en Cuba

Para los cubanos, la súbita resonancia internacional de Fidel Castro fue motivo de pasmo, orgullo y admiración. Fidel había «puesto a Cuba en el mapa»; el mundo entero estaba pendiente de lo que ocurría en la Isla; por primera vez en su historia los cubanos se sintieron actores en el escenario mundial. El ombliguismo se había hecho intoxicante realidad.

El Máximo Líder hizo un esmerado uso de esa euforia nacionalista para cimentar su poder. Todo el crédito de la hazaña le pertenecía[18]. Oponérsele era oponerse al glorioso destino del pueblo cubano. Todavía hoy, cuando gran parte de la audiencia mundial le ha vuelto las espaldas como a un anacronismo estalinista, Fidel le sigue inyectando a los cubanos una cuota diaria de su ombliguismo histórico. Cuba ya no es la «vanguardia de la revolución mundial», ahora es el último y glorioso «bastión del socialismo», pero al pueblo se le repite incesantemente que el destino del mundo y la dignidad de la humanidad siguen dependiendo de que los cubanos cierren filas junto al legendario comandante.

Con similar intensidad, la propaganda oficial creó temprano la liturgia que acompaña a las dictaduras. Todas las acciones del comandante, la expedición a Cayo Confites, el ataque al Moncada, el desembarco en el Gramma, la epopeya de la Sierra, las «victorias» en Ango-

---

[17] Bien me acuerdo que en 1960, uno de los entonces «héroes» de la revolución (más tarde cayó en desgracia), el Comandante Carlos M. Iglesias, conocido por «Nicaragua», aseguraba que los cubanos que se iban a los Estados Unidos estaban locos. «No se dan cuenta», me decía, «que en cinco años nosotros estaremos en Washington». Siete años más tarde, el propio Castro le aseguraba a Lee Lockwood que era «incuestionable» que de mantener el rumbo económico que seguían los Estados Unidos iban a llegar facilmente al socialismo. Lee Lockwood *Castro's Cuba, Cuba's Fidel* (New York: The Macmillan Company, 1967) p. 190.

[18] «¡Fidel, Fidel, qué tiene Fidel que los americanos no pueden con él!... ¡Esto que la patria no sea un cuartel, esto tiene un nombre, se llama Fidel!». Eran algunos de los innumerables lemas que resonaban continuamenten en la Isla.

la, fueron reverentemente encapilladas para el culto popular. En todas las escuelas se hizo obligatorio discutir cada uno de los interminables discursos de Castro. Fidel era el profeta del pasado y del futuro.[19]

Para colmo de delirios, ese líder que asombraba al mundo ostentaba una noble voluntad de ayudar a los pobres y a los menesterosos. Su revolución iba a ser la revolución de «los humildes y para los humildes». La devoción popular a Fidel rompió todas las barreras. Sin detenerse a juzgar la faz dictatorial de la medalla, la ambición desmedida del héroe, la implacable dureza con la que se despojaba, al menor atisbo de crítica, de quienes habían luchado lealmente por la revolución e imponía su voluntad a obreros y campesinos, ciegos a las desastrosas consecuencias que para los pobres y los humildes traerían unas leyes económicas dictadas por la improvisación y el capricho de un líder que pretendía saberlo todo[20], la mayoría del pueblo cubano volcó tras el héroe todo su entusiasmo.

Ese fue, a mi juicio el mayor éxito de Fidel, la mejor clave para entender su supervivencia: exacerbar el nacionalismo de las masas, vincularlas a su proyecto personal y hacerlas sentir que sólo él las había sacado de una condición pasiva y las había integrado en una empresa de resonancia mundial. Para liberarlas de la «oligarquía nacional» y del «imperialismo norteamericano», y conducirlas hacia el ínclito destino de la Isla, el líder les pedía obediencia absoluta. Así se consumó en Cuba un proceso fascinante: una aparente «rebelión de las masas» que resultaba en una total sumisión de las masas.

---

[19] En 1959, cuando aún pertenecía al Instituto de Cultura Revolucionaria, tuve la oportunidad de ver el primer libro de Lecturas para Niños que se iba a publicar. En la página correspondiente a la «F», se leía, «La F es por Fidel, hay que tener Fe en Fidel». Cuando nuestra protesta fue rechazada, muchos miembros de la Comisión de Literatura renunciamos.

[20] Ya en 1970, en un libro rotular, *Cuba: est'il socialiste?*, el economista marxista francés Rene Dumont advertía que los crecientes problemas de Cuba se debían a que los planes económicos se alteraban «de acuerdo con el último libro que hubiera leído Fidel Castro». La respuesta del gobierno cubano fue denunciarlo como agente de la CIA.

d) La estratagema del dualismo

Como un consumado malabarista, el líder jugó, y sojuzgó, con los términos de la dicotomía que él mismo había creado, «Revolución=Fidel». La «revolución» en abstracto demandaba sacrificios, otorgaba recompensas, exhibía su progreso, aplicaba castigos, pero, en ocasiones, tropezaba o tomaba caminos equivocados. Entonces, como Zeus, Fidel bajaba del Olimpo y, como si él no hubiera tenido nada que ver con el yerro, tronaba contra los errores de la Revolución, prometía rectificarlos, y dejaba caer sus fulminaciones contra los responsables: así se aplastó al presidente que él mismo había designado, se fusiló al comandante que había firmado la Reforma Agraria, se encarceló a muchos de los héroes de la Revolución, y se flageló a innumerables funcionarios, muchos de los cuales no habían cometido más delito que obedecer las órdenes de Castro. La Revolución y los revolucionarios eran falibles, Zeus no lo era.

Cuando bien temprano el Máximo Líder decidió traicionar las promesas de celebrar elecciones y restablecer todas las libertades constitucionales, Fidel evadió el renegar públicamente de sus palabras apelando al eficaz binomio. Un nuevo lema fue lanzado al ruedo nacional: «Revolución primero, elecciones después». La abstracción primero, lo concreto después. Al poco tiempo un segundo «slogan» descendió del Olimpo: «Elecciones ¿para qué?». Cuando la propaganda oficial hizo resonar esos lemas a lo largo de la Isla, Fidel se resignó a aceptar «la voluntad del pueblo»: desde ese momento la simple mención de la palabra «elecciones» constituía un delito contrarrevolucionario. Derribada la enojosa barrera, la Revolución, es decir, Fidel, prosiguió su marcha hacia el control absoluto del poder.

En ese maniqueísmo se basó también la trampa que se le tendió temprano a los intelectuales. «Todo con la Revolución, nada contra la Revolución», se les advirtió ominosamente. Pero como Fidel *era* la revolución, resultaba que él era el único que podía, por sí y ante sí, decidir qué idea o qué obra era nociva a la revolución y ameritaba supresión o castigo. Los ilusos que creyeron, y los oportunistas que fingieron creer, que el dilema les concedía un cierto margen para la creación, se dieron de bruces con la férrea realidad: la única interpretación tolerable de la revolución era la que se le antojara a un líder que abrigaba una profunda suspicacia y un no muy velado desdén hacia los intelectuales, una demagógica preferencia por el arte del «realismo socialista».[21]

Autores y artistas, incluso aquéllos que habían sido premiados por las propias instituciones de la cultura oficial, se veían de pronto condenados al ostracismo, el silencio o la cárcel, porque, «a posteriori», Castro descubría en sus obras «desviaciones» políticas u homosexuales.

Ahogados por esa atmósfera, compositores e intérpretes de la famosa música popular cubana, Ernesto Lecuona, Celia Cruz, Juan Bruno, y muchos otros, tuvieron que marchar al exilio[22]. El ámbito de libertad era ilusorio, el dualismo no existía. Lo que se agazapaba bajo el lema de «Todo con la Revolución, nada contra la Revolución», era la brutal, pero más honesta, divisa de los nazis: «Todo con el Führer, nada contra el Führer».[23]

La sensación concedida a las masas de que ellas eran parte integrante del proceso revolucionario, tuvo impacto más duradero y llegó a generar en muchos cubanos un cierto temor, que aún persiste

---

[21] «Para nosotros será bueno lo que sea bueno para las clases explotadas; para nosotros será noble, será bello y será útil, todo lo que sea noble, bello y útil para ellas». Fidel Castro «Palabras a los Intelectuales», *Política Cultural de la Revolución Cubana* (Habana: Editorial Ciencias Sociales: 1977) p. 14.

Compárese esa conveniente y estrecha concepción política del arte con la amplia visión de Martí: «A la poesía que es arte, *no vale disculparla con eso de que es patriótica o filosófica,* sino que ha de resistir como el bronce y vibrar como la porcelana». José Martí, «Obras Completas»; *op. cit.* Vol I, pag.766.

[22] La forzada partida de esos compositores y artistas secó la creatividad musical de Cuba. En las cuatro décadas revolucionarias, «la isla del ritmo» que llamara una vez Agustín Lara no ha podido producir una sola cadencia musical de repercusión mundial. «El atroz silencio musical de Cuba», comentó recientemente Octavio Paz, «es una de las elocuentes pruebas del yermo creador que la dictadura ha creado en Cuba».

[23] Es justo señalar que Fidel Castro no ocultó la total sumisión que le pedía a los intelectuales, «el revolucionario tiene que poner algo aun por encima de su propio espíritu creador; pone la Revolución por encima de todo lo demás. El artista más revolucionario sería aquél que estuviera dispuesto a *sacrificar hasta su propia vocación artística por la Revolución».* «Palabras a los intelectuales», en *Política Cultural de la Revolución Cubana.* Ibid; p. 12.

---

vagamente en algunos grupos, a que la caída de Castro implique no sólo la pérdida de los beneficios que hasta hace poco el régimen concedía: educación y medicinas, sino que también conlleve un retorno a la pasividad anterior, a un volver a hundirse en el anonimato, sin personalidad y sin guía.

A qué niveles llegó la actitud reverente hacia Fidel, puede medirse por el dibujo que apareció en la revista «Bohemia», la más popular de las revistas cubanas, el 16 de abril de1959. En la página cuarenta, se veía a un Fidel con túnica apostólica y expresión de redentor en agonía, nimbado por una aureola de luminosa santidad. Debajo del grabado, rompiendo todos los cánones de la abyección, Mario Kuchilán Sol explicaba el dibujo: «se ha inaugurado una época propicia a las más extraordinarias ocurrencias... hay guajiros para quienes Fidel no es Fidel *sino Jesucristo encarnado que viene a arreglar las cosas de Cuba...* pero no son sólo los campesinos quienes ven en Castro un Redentor... es, a lo mejor, un relámpago fugaz aprisionado sobre el papel, de la aspiración de Dios cuando quiso hacer al hombre a su imagen y semejanza». Kuchilán concluía su artículo con una pesarosa aclaración, «pero no es Jesucristo, es Fidel Castro Ruz». No, no era Jesucristo, pero ya era bien patético que se intentara confundirlo con él.

En toda la historia de la América Latina, tan fecunda en glorificaciones serviles, a ningún caudillo o dictador se le había considerado como a Jesucristo reencarnado. Significativamente, ni un solo artículo, ni una sola voz religiosa, católica o protestante, se alzó en Cuba para condenar la vergonzosa adulación de Kuchilán.[24]

El paso de los años y la áspera realidad de la larga dictadura y los fracasos, han rasgado las vestiduras de Fidel-Jesucristo y han dejado

---

[24] Aún en Alemania, cuando se intentó una parecida deificacación de Hitler, las Iglesias Protestantes Alemanas irguieron su rechazo a que al Fuherer se le quisiera «revestir con la dignidad religiosa propia del sacerdote del pueblo», y presentarlo *como el único mediador entre Dios y su pueblo*. El texto en Helmut Heiber, et.al. *Hitler: Habla el Führer*, (Barcelona, Plaza Janés: 1976) p.235.

El cabo Hitler sólo llegó a ser «mediador» entre Dios y su pueblo. El Comandante Castro llegó mucho más alto.

al descubierto las llagas de Castro-Judas, pero hay que estar bien conscientes de todas las circunstancias que ayudaron a gestar el mito y de la intensidad que llegó a alcanzar en Cuba, donde aún quedan flotando harapos del mismo en algunos sectores del pueblo que todavía eximen al «buen» Fidel de toda culpa en la tragedia nacional.

Vale la pena actualizar lo que estoy tratando de decir, y lo que diré más tarde sobre la parálisis o el «kranken» del pueblo, con una aleccionadora experiencia que tuvo en Cuba el periodista alemán Matthias Reiche. En octubre de 1990, Reiche llevó a un chofer de camión cubano de 63 años, llamado Cándido, a que viera una de las tiendas «para extranjeros» que el cubano se negaba a creer que existían. Cándido se quedó atónito ante el despliegue de productos que ni él ni los cubanos podían ver, ni aun de lejos, en las tiendas del pueblo.

Cuando salieron, Cándido mostró su indignación, confesó que, aunque le debía mucho a la revolución, se sentía profunda y personalmente traicionado. Inclusive lloró de rabia. Pero no expresó ni una queja contra Fidel. Observando ese dolor pasivo, Reiche anotó este rasgante comentario, se trataba de una «Traurigkeit ohne eine Spur von rebellion», «una tristeza sin un rasgo de rebelión». Al menos pasivamente, Cándido seguía siendo fidelista.[25] Trece años más tarde la pasividad sigue extendida en Cuba.

e) El carisma de Fidel y el sometimiento de las masas

> «¿Quién es más de culpar,
> aunque cualquiera mal haga,
> la que peca por la paga
> o el que paga por pecar?».
>
> Sor Juana Inés de la Cruz

La extensión inicial del fervor a Fidel y la parcial permanencia del fidelismo pasivo en Cuba, obliga a examinar la más común res-

---

[25] *Die Zeit*, Hamburgo, oct. 26 de 1990, p. 29.

puesta que se ofrece como explicación al fenómeno. Ignorando las circunstancias históricas cubanas, algunas de las cuales he señalado someramente, se simplifica una compleja teoría de Max Weber[26], para aducir que un líder como Fidel logra fascinar a las masas porque tiene «carisma». Tal fácil explicación elude el núcleo del enigma y sirve primariamente para disculpar a las masas.

De aceptarse esa tesis, todo el drama cubano quedaría reducido a una fábula infantil. Como el famoso flautista de Hamelin, Fidel tocó una melodía tan carismática e irresistible que, embelesadas, las multitudes no tuvieron más opción que marchar tras él hasta sumirse en las aguas del desastre. Los seguidores del flautista no son en nada responsables, toda la culpa recae sobre el flautista.

Obviamente, la cuestión es harto más complicada y obliga a replantear la famosa pregunta de Sor Juana sobre quién es más de culpar. Para empezar, «carisma» es un vocablo impreciso, derivado del griego y de la teología, cuya raíz significa algo así como «un don otorgado por Dios». Pero, en el terreno político, ¿cómo se mide la expresión de ese carisma?, ¿por la ululante devoción de las masas? ¿No se precisa una receptividad especial en los seguidores para dejarse hechizar por un flautista?

La vaguedad de la explicación «carismática» se hace más evidente cuando se cae en la cuenta de que hay dos aspectos del fenómeno que trascienden la personalidad del líder: uno, que el poder es en sí carismático[27], y, segundo, que no todas las masas se dejan fascinar por un líder con carisma. Lo cual desplaza la atención hacia la complejidad del proceso y hacia las características de los seguidores. Quien visite al Papa en el Vaticano, por ejemplo, siente, aunque no sea católico, el sobrecogimiento que impone una autoridad tradicional rodeada por un contorno impresionante. Pero ese reverencial senti-

---

[26] Hay una enorme distancia entre lo que propuso Max Weber y la teoría que se popularizó en su nombre. Para una ojeada seria a las ideas de Weber, véase *Max Weber on Charisma* (The University of Chicago Press (1968).

[27] Por eso el propio Weber enfatizaba el carisma que emana de los asientos o instituciones que representan poder, lo que él llamaba «Amtcharisma». *op. cit.* pag XXI.

miento tiene poco que ver con las cualidades individuales del Sumo Pontífice. El carisma emana del sitial, no de la persona.

Por otra parte, y con signo contrario, los afortunados anglosajones parecen estar vacunados contra esa propensión a subyugarse ante un líder carismático[28]. Dado el carácter británico, es muy dudoso que el flautista de Hamelín hubiera arrastrado a los londinenses a arrojarse jubilosamente en el Támesis. Pero es que aun en Chile, el famoso «carisma» de Fidel no funcionó efectivamente. Cuando en diciembre de 1972 el Máximo Líder visitó al país para apoyar al presidente Salvador Allende, la reacción de los flemáticos chilenos ante su oratoria fue tan apagada que el Máximo Líder volvió a Cuba echando chispas contra un pueblo tan «sin carácter». En su último discurso en Chile, el propio Fidel se quejó del escaso público que había asistido al mitin de despedida.[29]

Examinemos entonces con mayor rigor esa tesis de que Fidel dominó a las masas cubanas porque tenía mucho carisma. Comencemos por preguntar ¿cuándo adquirió Fidel tal carisma? ¿Cómo se explica que el mismo joven a quien vi abuchear en la Universidad cuando quiso hablar en un mitin, y cuya oratoria impresionaba muy poco a las audiencias en su período de candidato político del Partido Ortodoxo, descendiera más tarde de las montañas como un Júpiter tonante que destellaba carisma? ¿Qué le ungió el carisma, las barbas, el uniforme, la reputación de héroe, o, y aquí rozamos el punto esencial, el impacto de su poder desplegado ante unas masas que, por oscuras razones, ardían en voluntad de rendirse?

Antes de intercalar una anécdota que ilumina lo que estoy planteando, me parece imprescindible aclarar que cuando hablo de «masas» no me estoy refiriendo, como suele interpretarse, a las clases bajas del pueblo cubano sino a todo el pueblo, es decir, a lo que pue-

---

[28] En Inglaterra, la devoción al gran Churchill no impidió que apenas terminada la guerra la votación popular lo desplazara del poder. En los Estados Unidos, todo el «carisma» del general MacArthur no se tradujo en poder político.

[29] Véase el libro *Cuba-Chile*, Ediciones Políticas, Comisión de Orientación Revolucionaria del Comité Central del Partido Comunista de Cuba, La Habana, 1972.

bla. Porque el futuro historiador de la época revolucionaria tendrá que anotar que el desmadejamiento colectivo frente al Máximo Líder afectó a la clase media y aun a la clase alta del pueblo cubano, a las cuales se les suponía mayor capacidad de discernir los riesgos del proceso.

Más aun, es posible apuntar que, en su camino hacia la dictadura, más problemas tuvo Fidel con la voluntad de independencia del proletariado cubano que con la actitud de la clase media o la oposición de la «élite del poder» de Cuba. Ambos grupos, muchos de cuyos miembros habían apoyado a la «revolución» en las montañas, mostraron una inicial euforia y, más tarde, un increíble doblegamiento cuando la «revolución» trituró sus intereses y sus principios.[30]

Aclarado ese punto, retomemos el hilo de la cuestión con una famosa anécdota.

Cuentan que una vez, revisando un regimiento, Napoleón, quien pretendía conocer a todos sus soldados, se detuvo frente a un sargento y le dijo, «Te conozco: estuviste en la campaña de Italia». «No, Sire», contestó el sargento, «en Alemania». «Cierto», rectificó Napoleón, «en Austerlitz». «No, Sire, en Jena». «Claro», comentó el Emperador, «combatiste con Murat».»No, Sire», repuso el sargento, «con el general Davout». Frustrado, Napoleón saludó y siguió de largo. Entonces, resplandeciente de orgullo, el sargento exclamó: «¡Qué Emperador!... ¡No se le olvida un detalle!».

Cierta o legendaria, esa anécdota resalta el segundo término de la ecuación carismática: la predisposición de los soldados napoleónicos a creer infalible a su Emperador aun cuando se equivocaba obvia y consistentemente.

La aceptación de esos dos términos, el magnetismo del poder y la inclinación de muchos a deslumbrarse ante el poder, permite ade-

---

[30] Ese punto suscita una gravísima cuestión, ¿había clases sociales en Cuba? Y si las había ¿por qué mostraron tal falta de «conciencia de clase»? El dicho popular de que la cubana fue «la revolución del callo pisado», es decir, que en Cuba cada quien protestaba sólo cuando las leyes lo afectaban personalmente, es una profunda intuición avalada por el juicio del economista Raúl Maestri, expresado años antes de la revolución: «en Cuba hay burgueses, pero no hay burguesía».

lantar la proposición de que, sin negar la fuerza de su personalidad, Fidel no cautivó al pueblo porque era carismático, sino que el poder le añadió a su figura una dimensión carismática. Y que, sobre todo, había en las masas cubanas una soterrada inclinación al deslumbramiento. Como en el sargento napoleónico, como en los seguidores del flautista de Hamelin, en el pueblo cubano alentaba una voluntad de marchar tras el guía sin cuidarse de la dirección que tomara. Así, cuando Castro hizo un profundo giro político y, renegando de sus declaraciones anteriores, («Yo no soy comunista»...«esta revolución es más cubana que las palmas») se proclamó marxista «de la infancia a la muerte», Cuba se llenó de letreros que anunciaban «si Fidel es comunista ¡que me pongan en la lista!»

Desde luego que la irradiación del líder, y su impacto sobre las masas, se intensifica aún más si, como Fidel, el líder tiene la posibilidad de agigantar su figura con toda la sugestiva fanfarria de mítines masivos, uniformes, música y banderas; y de transformar, con una incesante propaganda, todos sus actos, pasados y presentes, en destellos geniales.

Es bien sabido que la emergencia en el mundo occidental de partidos y líderes que imponen un sometimiento total en los pueblos, está vinculada al enorme poder que la técnica moderna ha puesto a disposición del Estado totalitario. Castro, como Hitler, el otro líder mesiánico, tuvo la ventaja de contar, desde los meros inicios de su triunfo, con todos los medios de propaganda de un Estado moderno. Al mismo tiempo que Fidel repudiaba públicamente «el culto a la personalidad», su aparato de propaganda orquestó el más vasto culto a un líder que Cuba había conocido jamás.[31]

Para mejor juzgar el caso de Fidel es preciso recordar que existen dos tipos de dictadores totalitarios, los pragmáticos y los mesiánicos. A los primeros, Stalin, Mao, Tito, les interesaba más el poder que el aullido adorador de las masas. Los segundos, los mesiánicos, Hitler,

---

[31] Una de las grandes ironías del episodio castrista es que Fidel utilizara los cuatro canales de televisión que existían en Cuba, síntoma del adelanto técnico cubano, para convencer al pueblo de que Cuba era un país profundamente sub-desarrollado.

Fidel, sí inspiran y necesitan esa devoción colectiva, ese ser considerados como seres sobrehumanos capaces de resolver todos los problemas de la nación, como Mesías que han reaparecido para liberar a sus pueblos y conducirlos a la tierra prometida.[32]

Hitler fue proclamado como un nuevo Sigfrido que iba a fijar para siempre el destino de Alemania. En Cuba, todas las épocas anteriores a Fidel han sido reducidas a turbias sombras que apenas sirven de oscuro prólogo a la deslumbrante entrada en la historia del nuevo Martí, «el padre de todos los cubanos, el guía de todas las mujeres, el modelo de todos los niños».

El hilo de estas reflexiones me obliga a evadir el fijarme en las características personales de ambos líderes, sobre cuyas figuras resalta un destello de locura megalomaníaca, para concentrarme en el aspecto más fascinante del proceso: ¿Cómo fue que los razonantes alemanes cayeron de rodillas ante un pintor fracasado que se proclamaba «Führer», y lo acompañaron hasta la aniquilación nacional? ¿Cómo fue que los alegres, burlones y anárquicos cubanos se transformaron en un rebaño que balaba estentóreamente su devoción al Máximo Líder y aplaudía el fusilamiento de cientos de sus compatriotas?

La posibilidad de dar cabal respuesta a esas preguntas requiere indagaciones mucho más amplias de las que permiten estas páginas. Pero lo primero y esencial es destacar que el fenómeno Castro, como el fenómeno Hitler, no puede ser dilucidado con simplificaciones que reducen el problema a la figura del líder. Hitler no fue, como aseguran algunos, el resultado del desempleo en Alemania, de las humillaciones del Tratado de Versalles, o de su «carisma» personal. Fue el resultado de todo eso y de mucho más que eso. Las mujeres que se desmayaban al tocarle las botas, los jóvenes que ofrecían inmolarse por él, los hombres que aplaudían su avión cuando volaba sobre el pueblo, no

---

[32] Por eso Weber apuntaba que el caudillo carismático está obligado a «hacer milagros», o a inventarlos. En Cuba, Castro comenzó por ensalzar el milagro de su victoria guerrillera, doce guerrilleros contra cuarenta mil soldados, y ha proseguido glorificando el heroico milagro de que la revolución socialista se mantenga sola y firme frente al monstruo imperialista.

estaban expresando agradecimiento por resolver esos problemas: estaban expresando algo más.

Ese «algo» más, que alertó temprano al filósofo alemán Ernst Bloch, ha provocado múltiples análisis sobre el ancestral tribalismo teutónico, el absolutismo de la filosofía germana, o la fascinación que ejercían la sexualidad y la violencia que desplegaron los nazis. Si esas indagaciones han dado una respuesta válida a la tremenda pregunta es punto discutible, pero no hay duda que la búsqueda de ese «algo más» que se ocultaba bajo el nazismo, ha ayudado soberanamente a entender mejor las características del pueblo alemán.

El caso cubano demanda similares reflexiones. Fidel no fue el resultado del hambre desesperada de un pueblo, o de una tiranía feroz y sangrienta[33]. Aceptar tales premisas es aceptar una distorsión fundamental de la realidad cubana propagada por el castrismo. Fidel luchó bravamente y derrotó a un dictador inepto, y en Cuba, como en casi todos los pueblos latinoamericanos, vibraba una justa apetencia de reformas, pero eso no es suficiente para explicar la intensidad de la reacción de los cubanos. Lo fundamental es el «algo más», la imagen que quiso ver en él el pueblo cubano, y que lo hizo hincarse en una larga genuflexión colectiva.

De donde resulta que lo saludable es preguntarse qué dobleces, qué pliegues existían en el pueblo cubano que expliquen el despliegue de la devoción hacia Fidel.

A diferencia de Alemania, Cuba no tiene una larga historia, ni fue derrotada por un ejército extranjero, ni tenía altos niveles de desempleo o de miseria, ni alentaba rencores contra una paz impuesta por sus enemigos. Y, sin embargo, en una isla tan distante del caso alemán como el Caribe está del Ártico, habitada por un pueblo alegre que había hecho tradición del burlarse de las figuras políticas y tenía

---

[33] El «feroz» Batista permitió que, después del ataque al cuartel Moncada, Fidel Castro se defendiera públicamente, que recibiera amigos y periodistas en prisión, y terminó por amnistiarlo y dejarlo irse a México. Compárese esa conducta con la que Castro ha seguido con prisioneros como el General Arnaldo Ochoa, «héroe de la Revolución», fusilado tras juicio sumarísimo.

conciencia de su progreso, la aparición de un cierto líder provocó una reacción de delirio y entrega total semejante a la de los alemanes... ¿Por qué?

No sé si es posible dar con una respuesta. Bien sé que el fenómeno cubano no es totalmente único (el caudillismo es planta de hondo arraigue en el Continente) y que, siguiendo el esquema que esboza Elías Canetti en su clásico estudio[34], Castro le inyectó a las multitudes cubanas los dos elementos esenciales para mantenerlas en tensión: el odio al enemigo externo, el siempre amenazante imperialismo norteamericano, y el odio al enemigo interno, los ricos, los latifundistas, los burgueses, y, sobre todo, los revolucionarios y compatriotas que flaqueaban y, según rezaba la inmediata acusación, se vendían a la CIA. Contra todos ellos era preciso vivir en permanente e iracunda vigilancia.[35]

Pero aun así me parece urgente estudiar las características peculiares del caso cubano y no reducir toda la cuestión al carisma de Fidel. Es preciso emprender indagaciones sobre las raíces populares del fenómeno; serios estudios sobre la psicología, las apetencias, sueños, sentimientos y resentimientos que anidaban, o anidan, en el pueblo cubano, para intentar comprender el proceso. Es muy posible que el descifrar esas corrientes subterráneas sea el mejor camino hacia la curación colectiva, y hacia el descubrir la vacuna que nos libre de futuros espasmos delirantes.

Bien caro nos ha costado el desoír la sana advertencia de Martí cuando en 1894 nos previno contra la mano autoritaria que, oculta bajo el guante de un «libertador», iba a tratar de atenazar a la futura república. Hagamos un esfuerzo por despejar los oídos del pueblo para

[34] Elías Canetti, *Crowds and Power,* (New York: Farras, Strauss, Giroux: 1988).

[35] «Una de las más relevantes características de las multitudes», señala Canetti, «es el sentimiento de sentirse perseguidas, una peculiar irritabilidad y furia contra los que han sido designados como sus enemigos»...»La multitud se convierte así en una especie de ciudad sitiada con enemigos fuera de sus murallas y enemigos dentro de sí misma». Canetti, *ibid,* pags. 22 y 23.

que ningún flautista futuro lo conduzca de nuevo a hundirse irresponsablemente en las aguas de otra catástrofe.

f) La realidad y la vulnerabilidad del mito

Sería de un simplismo rayano en lo ridículo insinuar que la reputación y el gigantismo histórico de Fidel son sólo el resultado de la inflación de un mito. No, en Castro, como en Hitler, como en Lenin, hay una innegable dimensión de grandeza, una capacidad genial para intuir cuál es la postura adecuada al momento, y cómo voltear en su favor las peores circunstancias. Fidel, además, disfruta y padece de esa tensión mental que Buckhart llamó «la libido del poder», que se manifiesta en una formidable concentración de todas las energías físicas y mentales en cómo llegar y conservar el poder. «Lenin no duerme nunca», afirmaba uno de sus camaradas en Suiza, «cuando Lenin cierra los ojos está soñando con el poder».

Haber nacido en Birán, un remoto pueblo de una pequeña isla en el Caribe y haber logrado sentarse en el trono de Hailé Selasie en Etiopía para ver desfilar a sus tropas. Alcanzar a tener peso en las crisis mundiales y llegar a que se le concediera jerarquía continental, es una hazaña histórica de indiscutible magnitud. Nada, ni nadie, por muy acérrimo enemigo que sea del Máximo Líder, puede rebajarle ese reclamo de grandeza. Pero esa grandeza ofrece otras tenebrosas dimensiones.

En 1954, los rusos invitaron a Charles de Gaulle a visitar las ruinas de Stalingrado. Frente a los gloriosos escombros, bordeados por el Volga infinito y la infinita estepa rusa, el general francés, que detestaba a Hitler, y a todo lo que Hitler significaba, se sumió en un silencio meditativo, roto al cabo por una sola palabra: «¡extraordinaire!». Halagados por lo que creyeron un elogio, los guías soviéticos le comentaron, «Sí, fue una gran victoria, luchamos con un coraje extraordinario». Todavía en un profundo «reverie», De Gaulle musitó: «No, estoy pensando en los alemanes. Qué pueblo y qué líder más extraordinario... ¡haber llegado tan lejos!».

En igual sentido, contemplando todo lo que logró el pueblo cubano, y Fidel, en la primera década de la revolución, es posible musitar un reconocimiento a la capacidad de ese pueblo y de ese líder que lo llevó tan lejos. Pero si esa trayectoria ascendente es impresionante, mucho más impresionante es la curva descendente que se hunde en un fracaso abismal.

Por eso, como con Hitler, el énfasis contra el mito de Castro ha de concentrarse no en negar la realidad de sus logros sino en el trágico precio que el pueblo cubano, como el alemán, ha tenido que pagar, y tendrá que pagar, por ese costoso y efímero momento de grandeza.

Ahí, en las terribles consecuencias, en la estela final de escombros, odios y miserias que deja Fidel es donde reside la vulnerabilidad del mito. Toda la mitología en torno a Lenin, «el santo del proletariado» venerado por la propaganda oficial comunista, se derrumba hoy bajo los martillazos de odio de los proletarios de la Europa del Este, que tuvieron que sufrir en carne propia la dura realidad de su «grandeza».

Precisamente, como enseñaba Georges Sorel, el mito se basa en saltar de una realidad empírica a una fe irracional en esa realidad, en extremar la fe en un líder hasta rebasar todas sus limitaciones. Exagerar la realidad del talento militar de Napoleón hasta creerlo invencible era forjar la irrealidad de un mito.

El mito de Fidel comienza cuando se pasa de la notoriedad de sus hechos a la leyenda de que Fidel nunca se ha equivocado, que todo lo hizo por amor a su pueblo, y que es incapaz de errar o ser cruel. Ese mito oculta el carácter despótico de Castro, su desprecio por la vida y el prestigio de quienes osan criticarlo, y, sobre todo, la realidad decisiva: las terribles consecuencias que han producido la ambición y la criminal obcecación de un líder que prefiere sacrificar a todo un pueblo antes que ceder un ápice de su poder.

En 1946, el novelista Erich María Remarque produjo un documental sobre Hitler «Epitafio al Führer», que creó un enorme impacto en el pueblo alemán. El documental comenzaba con escenas de los triunfos hitlerianos, las autopistas, las masas adorantes, la marcha de las invencibles legiones que conquistaron a Europa. Al fondo resonaba la música de Wagner. De pronto cesaban los acordes marciales y, en opresivo silencio, la pantalla mostraba los miles de cadáveres de soldados alemanes congelados en la estepa rusa, las ciudades derrumbándose bajo las bombas, los campos de concentración, pueblo tras pueblo sumidos en el estupor de las ruinas, mujeres y niños escarbando escombros en busca de comida. Entonces la cámara ascendía implacablemente, mostrando el vasto panorama de un Berlín desolado y desierto. Y una voz profunda y sombría resonaba con un solo comentario: «Si buscas su monumento, mira a tu alrededor».

Bien pronto habrá de llegar el momento de repetirles a los cubanos esa trágica exhortación. Cierto, Fidel tuvo su momento, llegó lejos, clavó a Cuba en el mapa con una sangrienta bayoneta, pero el precio ha sido devastadoramente alto, todo lo que hizo, y todo lo que habían logrado las generaciones cubanas anteriores a él, ha sido reducido a ruinas por su ambición. Ahí está Cuba sin agua, sin electricidad, sin tractores, sin alimentos y sin esperanzas: si buscas su monumento, mira a tu alrededor.

A esa confrontación con la realidad que lega el Máximo Líder se le podrían añadir otros argumentos que demuestran el oscuro vientre de la leyenda. Me permito adelantar uno.

Contrario a lo que afirma su más reiterada propaganda, Fidel Castro no es ni nunca fue expresión de una voluntad cubana de futuro. Fidel Castro representa todo lo opuesto, representa el pasado y la reacción. Fidel Castro ha sido el último estertor vengativo de la colonia española. Es Weyler disfrazado de revolucionario.

Tal afirmación no abriga ningún sentimiento anti español. España fue mucho más que Weyler y el Duque de Alba. Pero esa grandeza no excluye ni borra a ambos personajes. Y en Cuba, la derrota de 1898 dejó sabor amargo en muchos españoles. Fidel, hijo de un soldado español duro y rapaz, es vástago de ese resentimiento. Creció odiando a los «yanquis» y a los «criollos» cubanos que le lucían amigos de los «yanquis». Cuando lo conocí de niño en el Colegio «Dolores» de Santiago de Cuba, me pasmó su precoz hostilidad contra los Estados Unidos, expresada en una extraña aversión a las películas de «cowboys». Fidel no sólo se jactaba de no ir a verlas, sino que satirizaba a los muchachos que de tales películas gustaban, es decir, a todos los alumnos. No alcancé a entender entonces la torcida raíz del síntoma.

La vine a entender mucho más tarde, cuando Fidel, ya trasmutado en Líder Máximo, embistió ciegamente contra los Estados Unidos y contra todo lo que le oliera a tradición «aristocrática» cubana.

El enfrentamiento de Castro con los Estados Unidos le ganó a Fidel aplausos en España. Como muchos latinoamericanos, que aún se solazan en el «antiyanquismo» de Castro, los españoles que aplaudían, se confundieron. Creyeron ver en Fidel a una figura de la noble España desafiando quijotescamente a las aspas de acero del poderoso molino de viento norteño que ellos también detestaban. No acertaron a ver que Castro está más cerca de aquellos yangüeses y de aquel Pasamontes charlatán y rufianesco, que tan mal parado dejaron a nuestro esforzado Caballero de la Mancha, que del noble Don Quijote. No cayeron en la cuenta de que Fidel es una expresión de lo más torvo y reaccionario que ha dado España: un gran inquisidor adusto y rígido; uno de esos generalotes cerriles del pretérito español, fanáticos del «pronunciamiento» y de la fusta; un celtíbero sañudo que sólo confía en el mando con mandoble.

Es bien ilustrativo el hecho que el dictador Castro no tuvo ningún problema con el dictador Franco, ni el dictador Franco con él, pero sí los ha tenido con el demócrata socialista Felipe González. Y es que la España actual, moderna y abierta a la libertad, representa todo lo que Fidel odia.

De haber nacido en el siglo XVI, Castro hubiera eliminado a todos los «gusanos herejes» multiplicando en España las purificadoras hogueras de la Inquisición; en la época de Fernando VII, Castro hubiera sido uno de aquellos infames que defendían el poder absoluto gritando, como grita hoy, «¡que vivan las cadenas!»; en 1937 se hubiera sumado a aquel otro grito denigrante que resonó en Salamanca y abrumó a Unamuno, «¡Abajo la inteligencia, viva la muerte!».

Esa raíz hundida en el pretérito, se ha puesto aun más de manifiesto en los años de decadencia y crisis. El hombre que surgió clamando que iba a conducir a Cuba hacia un futuro luminoso, la empuja hoy hacia un pasado oscuro y misérrimo. Despojado por el colapso soviético de su coartada ideológica y de su fuente nutricia, el gran «revolucionario» ha resultado ser otro caudillo torpe y tozudo, incapaz de ajustarse al mundo moderno o de encontrar una fórmula novedosa que ofrecer a su pueblo. Acorralado por los cambios contemporáneos y por su propia obcecación, el otoñal patriarca que describiera García Márquez, no sabe más que abroquelarse en el pasado, vapulear a todo el que le hable de reformas, y acuartelarse en una decrépita tesis marxista para exigirle al pueblo que se suicide por él.

¿Y no resulta trágicamente irónico que al cabo de noventa y un años de independencia algunos inversionistas españoles retornen a Cuba como a tierra colonizada y de señorío, traídos en andas por el fementido apóstol del nacionalismo, quien les brinda a ellos todas las garantías y privilegios que les veda a los cubanos? ¿No es acicate a la ira que la revolución nacionalista le haya cerrado las playas a los cubanos para abrírselas exclusivamente a los turistas, y que sea ya de dominio público todas las «ventajas» eróticas que, a precios irrisorios, pueden alcanzar los extranjeros en La Habana, mientras la radio oficial truena defendiendo la superioridad y la «pureza» de la ética socialista?

Esos son algunos de los muchos argumentos que pueden usarse para demoler el mito de Fidel Castro y mostrar la trágica catástrofe que le ha traído a Cuba. Pero todos esos argumentos tienen que ser respaldados por una demostración «in situ», por la evidencia en Cuba del desastre castrista. Sólo cuando el pueblo cubano palpe y experimente la enormidad de la defraudación; cuando se hayan agotado todas las excusas y resultado vanas todas las promesas; cuando sea innegable la total e íntegra culpabilidad de Fidel Castro en el crimen contra el pueblo; cuando no exista un cubano que ose defender al régimen nefasto, será posible desahuciar definitivamente la era del Máximo Líder y barrer los últimos vestigios de su mito.

TERCER MITO: LA REVOLUCIÓN NECESARIA

La necesidad de quebrar de una vez por todas el mito de la revolución necesaria, requiere estudio más amplio del que estas páginas me permiten. Pero, al estilo de los «partus», antes de galopar fuera del tema es conveniente lanzarle dos acotaciones.

Primera, que no se trata de discutir ahora si la revolución de Castro, o cualquier otro episodio revolucionario de nuestra historia, era o no era necesaria. La complejidad del asunto, erizado de polémicas, exigiría una larga digresión que habría de comenzar por analizar por qué nadie en Cuba, ni aun los comunistas criollos, tuvo atisbos del ímpetu y la radicalidad del episodio político que se encimaba sobre la Isla[36]. Y que tampoco se trata de estudiar cuáles han sido sus logros y fracasos, a los cuales me referiré más tarde,[37] sino de combatir el mito de la revolución necesaria.

El mito se refiere a ese idealizado concepto de la revolución que las lánguidas ondas del Romanticismo francés dejaron en nuestras costas en la segunda década del siglo XIX. La romántica glorificación de la revolución y las barricadas, dejó tan prolongada resaca emocional, que cien años más tarde el filósofo Herman Keysserling apuntó, con perceptible sorpresa, que en la América Latina, los conceptos usualmente antagónicos de «tradición» y «revolución», se habían integrado en una extraña síntesis: los jóvenes latinoamericanos eran «revolucionarios por tradición» y entraban en las universidades como quien entra en una barricada.

El mito tiene muy poco que ver con la revolución. La revolución es una explosión social que se produce en determinados momentos por una concatenación de complejísimas causas. El mito revolucionario es otra cosa, consiste en transformar esos episodios de violencia, que pueden abrigar nobles ideales, en una irracional creencia en que la revolución es de por sí, siempre y en todo momento, una solución necesaria y fecunda a los problemas nacionales, y que, por tanto, ser

---

[36] En noviembre de 1958, un mes antes de la caída de Batista, el Partido Comunista Cubano le envió un Mensaje al Partido Comunista Chileno, pidiendo apoyo para formar «un gobierno democrático de coalición nacional», porque era un error el creer que «la tiranía está a punto de ser derribada». El texto completo en «Partido Comunista de Chile: XI Congreso Nacional» (Santiago; 1959) p. 29. Véase tambien Aguilar, *Marxism; op.cit*; p. 42-43.

[37] Véase el epígrafe «Una nueva oportunidad y los logros del castrismo».

revolucionario es ser progresista o de avanzada. Se convierte así un fenómeno real de justicia, violencia y sangre, cuyos resultados son siempre altamente dudables («todo revolucionario», concluía Camus, «termina por ser o un hereje o un asesino») en una fórmula de curación mirífica, eternamente aplicable a toda situación. Los devotos de ese mito, no suelen tener la menor idea de los inmensos riesgos que una revolución implica.

Traigo aquí la memoria de un líder estudiantil que en 1950, en un mitin en la Escalinata de la Universidad de La Habana, nuestra romántica barricada, cada vez que podía, insertaba en su deshilvanado discurso un grito pulmonar, «¡Aquí lo que hace falta es una revolución!» No se detuvo el lidercillo a explicarnos a qué tipo de revolución se refería, ni porqué a una Cuba que en aquel momento, bajo el presidente Prío, vivía en un alentador proceso democrático, le hacía falta una revolución. Pero su grito fue aplaudido largamente, el sujeto ganó fama de «revolucionario» y más tarde, bajo Castro, carente de toda experiencia política, antes de dar en prisión por «contrarrevolucionario», fue premiado, o castigado, con el nada envidiable nombramiento de Embajador en Albania.

Segunda, que se hace preciso recordar y destacar que Cuba lleva viviendo más de cien años bajo el ámbito revolucionario. Cuando en 1893 Martí fundó el «Partido Revolucionario Cubano», transformó la lucha por la independencia en un proyecto revolucionario cuyos objetivos nunca esclareció cabalmente. Esa indefinición permitió que el proyecto, como tantos otros de Martí, quedara flotando en el ambiente cubano, a merced de las más nobles o de las más bastardas interpretaciones[38]. De ahí en adelante cualquier convulsión política se cobijaba bajo el apelativo de «revolucionaria» y cualquier farsante se anunciaba como «revolucionario». De 1944 a 1952, durante los regí-

---

[38] El propio Martí, sin embargo, percibió la perniciosidad del mito revolucionario y clamó por una operación extirpante: «Una revolución es necesaria todavía», escribió el Apóstol, «la que no haga presidente a su caudillo, *la revolución contra todas las revoluciones*; el levantamiento de todos los hombres pacíficos, una vez soldados, para que ni ellos ni nadie vuelvan a serlo jamás». José Martí «Alea jacta est»; *Obras Completas* (Habana: Editorial Lex; 1946) Vol II; pag. 825.

menes auténticos, una plaga de rapaces «revolucionarios» en busca de botín burocrático, se abatió sobre la República y contribuyó no poco a desacreditar al sistema democrático y a entreabrirle las puertas al golpe militar de Batista.[39]

En 1925 Alfonso Hernández Catá publicó su «Mitología de Martí», y vinculó estrechamente los dos mitos: el de Martí como deidad guiadora y el de la revolución necesaria. En 1928, Rubén Martínez Villena clamó «por una carga para matar bribones, para acabar la obra de las revoluciones... para que la República se mantenga de sí, para cumplir el sueño de mármol de Martí». La «revolución» de 1933 pareció responder a su llamado. Cuando se disipó el humo de la lucha, se pudo estimar que, junto a innegables saltos de progreso, la revolución había desembridado algunas muy malas tendencias: la sargentería mandante entre otras. Por lo pronto, la carga para matar bribones le había abierto el campo a una nada despreciable procesión de nuevos bribones. El «sueño de mármol» de Martí, el eterno «sueño de mármol» de Martí, quedaba, una vez más, incumplido.

Del episodio de 1933 surgieron Batista, quien se proclamaba «revolucionario[40] «y los Auténticos (así llamados porque le habían traído a Cuba una «auténtica» revolución), quienes dominaron el panorama político de la Isla hasta 1959, cuando se inició la revolución democrática, humanista, socialista, «martiana», marxista, sangrienta y nihilista de Castro, que aún hoy convoca a una revolución numantina.

Ahora bien, cien años bajo nubes y gritos revolucionarios, con una notable secuela de violencias y frustraciones, son más que sufi-

---

[39] Nadie expresó mejor el sentir de los verdaderos luchadores antimachadistas ante tal descrédito que el profesor Carlos González Palacios, cuando declaró amargamente en su libro *Revolución y Seudo-Revolución en Cuba*, «Yo no soy un revolucionario arrepentido, soy un revolucionario abochornado».

[40] «Hemos sido revolucionarios y soy revolucionario»... «El Cuatro de Septiembre posee un mensaje de calidad revolucionaria, que se dirige a un orden nuevo, hacia un mundo sin opresores y oprimidos...». Fulgencio Batista, *Revolución Social o Política Reformista*. (La Habana: Prensa Iberoamericana: 1944) p. 114 y 167.

cientes para que un pueblo exhausto archive la fórmula por cien años más. Quien hable hoy de una «nueva» revolución, o de estar identificado con la continuación del proceso revolucionario, quien no tome nota del estruendoso fracaso de la revolución rusa, no está siendo ni progresista ni de avanzada, está abanderándose a un pasado de violencia y opresión, a un mito pernicioso, cuya superación es imprescindible para tratar de alcanzar la paz, la libertad y la concordia que el pueblo cubano desesperadamente necesita. Como a otros pueblos latinoamericanos, el mito revolucionario nos ha costado demasiado en sangre y miseria para no intentar sepultarlo bajo siete llaves en el sepulcro del comunismo.

Una nueva oportunidad y los logros del castrismo

Ese sepultar lo que del pasado es obviamente sepultable, debe ir acompañado por una voluntad de renacimiento. El desmantelamiento del aparato castrista, le puede y le debe abrir a Cuba una nueva oportunidad de liberar el dinamismo característico de los cubanos. En ese sentido, defender una vuelta a la Constitución de 1940 es una forma honorable de estar equivocado, es soñar con restaurar el paternalismo estatal, el Estado corporativista que en todo interviene con un legalismo asfixiante.

En la década de los noventa, la América Latina comenzó ingentes esfuerzos por liberarse de tales aherrojantes sistemas para dar plena soltura a las energías individuales. La Cuba del futuro tiene que hacer lo mismo.

Precisamente, muchos analistas están acordes en afirmar que una de las principales razones de la rápida recuperación económica de Alemania y Japón fue que la derrota les proporcionó la posibilidad de construir un sistema moderno no entorpecido por tradicionales y obsoletas estructuras socio-económicas. Edificaron partiendo de un nivel cero. El colapso del castrismo pudiera proporcionarle a los cubanos una oportunidad similar para erguir un sistema legislativo y económico que refleje las tendencias actuales y barra con los resabios de las leyes y regulaciones que en todos nuestros países han alentado la pasividad, la burocracia y la ineficiencia.

«En realidad», escribe un joven economista argentino, «el debate de la América Latina consiste en reconocer que el mantenimiento del sistema corporativista, estatista y mercantilista que caracteriza a la región implica resignarse a un nivel de vida inferior al que puede llegarse con un sistema pluralista, donde funcionen los mercados, las libertades personales y la igualdad de oportunidades, sin mayores interferencias del Estado moralizador»[41].

El tema de la intervención del Estado en los asuntos de la futura república, la estructura de poder que va a acometer la ardua empresa de condicionar las posibilidades de desarrollo social, del cual me ocuparé más tarde[42], toca un aspecto de la cuestión cubana que demanda cautelosa atención: el cómo preservar los «logros» del castrismo. Tres son usualmente mencionados, y repetidos «ad nauseam» por los voceros del régimen: la soberanía recuperada, la salud pública y la educación general.

Más adelante analizaremos la fragilidad de la famosa soberanía lograda por el castrismo[43], pero por el momento me interesa señalar un punto raramente mencionado en relación con los otros dos «logros». Y es que, en comparación con lo que han logrado en el mismo lapso de tiempo otros países de la América Latina, sin verse asfixiados por tan larga dictadura, los exaltados avances alcanzados por Cuba en salud y educación resultan harto modestos. En 1960, por ejemplo, el promedio de vida en Cuba era ya de 63 años; en 1980 había subido a 73. Pero en ese mismo período *nueve países latinoamericanos habían logrado niveles superiores a los de Cuba*. En la misma fecha, 1960, el índice de mortalidad infantil en Cuba era de 32 por 1000, el más bajo de la América Latina. En 1980, el índice había descendido a 19. En el mismo lapso de tiempo, sin embargo, el índice mortalidad

---

[41] Jorge E. Bustamante, *La República Corporativa*, (Buenos Aires: Emecé Editores: 1989) p. 290.

[42] Véase el epígrafe «El azúcar, la economía y el Estado».

[43] En el epígrafe «Nacionalismo y Soberanía».

infantil había descendido en Jamaica a 16 por 1000, y once países hispanos habían logrado cifras iguales o superiores a las de Cuba.[44]

Ese paralelismo es importante de señalar porque la comparación de Cuba con la América Latina ha sido una permanente dimensión de la propaganda castrista. La equiparación, sin embargo, ha pasado por diferentes fases. En la década de los sesenta, cuando la revolución cubana tenía destellos auroreales, La Habana enfatizaba la superioridad de la revolución: Cuba era, simultáneamente, la vanguardia revolucionaria y el más estupendo modelo de triunfo económico. En abril de 1961, en Punta del Este, Uruguay, el «Che» Guevara cayó en un delirio de predicciones. En cinco años, Cuba iba a estar «en primer lugar en la producción per cápita de acero, cemento, energía eléctrica, tractores, textiles, etc... tendrá un crecimiento global del doce por ciento anual, y habrá alcanzado un nivel de vida como el de los Estados Unidos»[45]. Esas cifras «maravillosas», como confesó el argentino, eran sólo el preludio de lo que iba a ser la magnífica sinfonía de la nueva Cuba.

Al final de la década, a medida que las guerrillas castristas eran derrotadas en todo el Continente, incluyendo las que alzó en Bolivia el propio Guevara, y la economía declinaba muy por debajo de la fantástica profecía del «Che», el régimen cubano se replegó a una segunda línea de propaganda. A pesar de los fracasos económicos, el pueblo cubano seguía siendo el más sano y el mejor educado del mundo. En las ciudades de la Isla no había prostitutas, ni drogas, ni miseria.

Al comenzar la década de los noventa, la evidente emergencia de la delincuencia juvenil, la prostitución, y las drogas, y el forzado reconocimiento del atroz deterioro económico, obligó al régimen a otra retirada. Ya no se habla de la superioridad de Cuba, se insiste en una comparación negativa. Frente a una América Latina que se ha

---

[44] Véase el trabajo de Sergio Díaz-Brisquet, «How to figure out Cuba», en *Caribbean Review*, Octubre de 1986, y el de Kenneth N. Skoug, «Cuba as Model and Challenge», citado por Anne Geyer en *Policy Review*, Winter, 1992, p. 68.

[45] Ernesto Che Guevara, *Obra Revolucionaria* (México: Ediciones Era; 1967) pags 432-33.

democratizado, el régimen no cesa de señalar la existencia de masas depauperadas en esas «democracias» y resume su mensaje en una fórmula simple, «aquí andamos mal, pero vivimos mejor que en las «favelas» de Río o que en Haití».[46]

Es sorprendente que esa fórmula de consolación negativa, que ya había hecho clásica nuestro Calderón: «cuentan de un sabio que un día tan pobre y mísero estaba que sólo se sustentaba de las yerbas que comía... y cuando tornó la cabeza halló, que otro sabio iba comiendo las yerbas que él arrojó», aún encuentra eco en algunos latinoamericanos y parece tener algún efecto en Cuba. De ahí la necesidad de un breve comentario.

Para empezar, es sensible recordar que hace cuatro décadas Cuba estaba entre las primeras naciones desarrolladas del Continente y a cien grados sobre el desventurado Haití. Compararse hoy, tras cuarenta y tres años de penosos sacrificios populares, con la trágica nación caribeña, o con los más miserables sectores de las sociedades latinoamericanas como si eso fuera loable, es confesar un descenso brutal en el nivel de vida cubano.

Siguiendo esa lógica de naufragio, acaso muy pronto, cuando Cuba se sumerja a niveles inferiores a los de Haití, Castro les dirá a los cubanos que se regocijen porque aún viven mejor que los exangües campesinos de Etiopía y del Sudán.

Sin entrar en mayores disquisiciones, conviene recalcar además que aun los empobrecidos habitantes de las «favelas» brasileñas, se pueden mover libremente, no están vigilados por Comités de Barrio, pueden expresar protestas contra el sistema, bañarse en las playas cercanas, y maravilla de las maravillas, votar para cambiar al gobierno local o nacional.

Mientras tanto, con más de cuarenta años de dictadura sobre las espaldas, todo el pueblo cubano, no los habitantes de este o aquel

---

[46] La manipulación de la cifras en Cuba ha llegado a niveles tan burdos, que cuando en octubre de 1990 el presidente argentino Carlos Menen hizo una declaraciones contra el régimen de Castro, la prensa cubana comenzó a publicar estadísticas que «demostraban» que la Argentina sufría del más alto nivel de mortalidad infantil en el continente.

barrio sino toda la colectividad, se sigue hundiendo en la miseria, se le reducen día a día los alimentos, se les prohíbe entrar en las playas reservadas a los turistas y, además, se ven forzados a proclamar las maravillas del régimen que los asfixia.

Reduciendo la tragedia a niveles primitivos, Fidel trata a los cubanos como si fueran monos de un parque zoológico. Sin jamás soltar el látigo, Fidel se empeña en decirles: «Miren, en realidad ustedes son libres, esas rejas están ahí para protegerlos del imperialismo, pero recuerden que yo les doy una banana todos los días, les brindo medicinas y veterinarios, y les mantengo limpias las jaulas. Eso es el socialismo. Observen lo que le ocurre a los monos que se creen libres en una jungla llamada «democrática": se los comen los leopardos imperialistas, se matan entre ellos y se mueren de hambre y de enfermedades».

Lo que Fidel no dice, aunque bien se lo sabe, es que no todos los monos viven mal en la selva democrática, y que cada vez que a los de algún zoológico dictatorial les dan a elegir y les abren las puertas de las jaulas, los monos reaccionan de una manera bien curiosa, se escapan raudos hacia la riesgosa libertad de la jungla. Y eso aun cuando no ocurre lo que está ocurriendo en Cuba, donde, en el parque regido por Fidel, hay cada vez menos veterinarios, menos bananas, y más suciedad y confinamiento en las jaulas. Seguramente por eso, látigo en mano, el gran domador no se atreve a preguntarle a los enjaulados lo que quieren.

Pero volvamos a los «logros» del castrismo.

El planteamiento sobre cómo salvar los avances del sistema socialista se basa en una riesgosa premisa: la de creer que es posible desvincular los logros de un sistema totalitario del sistema mismo. La realidad es que tal posibilidad es usualmente imposible. Aclaremos.

Todo sistema político, aun el más atroz, arroja algún sedimento positivo. La esclavitud, aseguraba Hugo Grotius, mejoró por un tiempo la productividad agrícola de las naciones y le proporcionó una cierta seguridad a los esclavos. Igualmente, las dictaduras casi siempre pueden ostentar obras públicas, orden y seguridad.

Pero lo fundamental es que esos «logros» son posibles porque el sistema puede imponer sus planes sacrificando otros valores esenciales. De ahí que, frente a la dudosa afirmación de Grotius, se yerga la noble divisa de Terencio: «Más prefiero la libertad con todos sus riesgos que la calma de la esclavitud». «Con todos sus riesgos»... el viejo romano sabía lo que decía. La libertad y la democracia son asuntos riesgosos.

Tal como fue trompeteado en su momento, el sistema socialista soviético alzó a Rusia a superpotencia militar. Ello fue posible a base de sacrificar por ese objetivo millones de vidas y las energías económicas de Rusia. El resultado fue un magno desastre. Ese «logro» soviético, y la consecuente catástrofe del sistema, estaban íntimamente vinculados a la misma causa, eran el resultado de un *sistema que tenía una monstruosa concentración de poder y no permitía discusión o disensión.* Así era inevitable que los «logros» y el sistema se hundieron juntos. Apenas Gorbachov intentó salvar al sistema con parciales reformas, la estructura monolítica se derrumbó íntegramente.

La posible «democracia» rusa, abierta a la polémica sobre las limitaciones económicas y los planes de gobierno, no será capaz de repetir esa concentración de poder en el área que decida una minoría. El funesto y casi suicida poderío militar fue un «logro» del sistema socialista *que sólo se pudo lograr con el férreo sistema socialista.*

En el caso de Cuba, el laudable esfuerzo del régimen por brindar asistencia médica gratis y educación generalizada, aun cuando más que de educación se trata de «adoctrinamiento», ha sido posible porque el régimen aplastó todas las libertades e impuso un sistema de obediencia total. Ahora bien, esa obediencia a un solo líder barrió con toda posibilidad de señalar errores y rectificar rumbos. Así el sistema dictatorial castrista se hundió en el desastre por las mismas razones que le permitieron alcanzar ciertos progresos. La misma fuerza despótica que obliga a los maestros a ir donde no quieren, y a los médicos a ejercer donde se les ordene, conduce al país a una situación de tal penuria que aun esos famosos «logros» terminan por perderse.

Actualmente en Cuba, la crisis del transporte, la malversación de las reservas y el caos económico creado por Fidel Castro hacen risible que se hable de salvaguardar los adelantos educacionales e higiénicos del sistema. Si ni maestros ni alumnos pueden llegar a las escuelas, si no hay medicinas ni jabón, y si la voluntad de sacrificio de una comunidad aplastada y engañada por décadas ha desaparecido, ¿en razón de qué fórmula mágica es posible imaginar que el sistema educacional y sanitario funcionan todavía?

Quien quiera salvar los «logros» de un sistema dictatorial tiene que, en alguna forma, aceptar la brutalidad de la dictadura. Y toda dictadura lleva en sí misma el germen que ha de destruir todos sus abusos y sus «logros». El descalabro económico y social de la dictadura castrista responde a las mismas razones que permitieron sus aparentes avances.

Es, por tanto, ilusorio pensar que se puede tener lo mejor de ambos mundos, de la democracia y de la dictadura. La siempre decantada seguridad que reina en las ciudades bajo una dictadura, por ejemplo, no se puede lograr bajo una democracia. Las razones son obvias. La dictadura libera a la policía de restricciones y le permite golpear a todos los ciudadanos, incluso a los criminales, cuando le parezca. La democracia defiende el derecho de los ciudadanos, aun el de los criminales, a que no se les pegue. Olvidarse de todos los abusos y palizas que trae consigo la dictadura, para ensalzar la «seguridad» que reina en las calles cuando manda un dictador es transformar lo periférico en esencial, es creer que se puede salvar lo aparentemente bueno sin traer la realidad de lo malo.

La futura democracia cubana debe y tiene que esforzarse por brindar a la mayor parte de sus ciudadanos asistencia médica y educación. Pero es soberanamente injusto y, hasta cierto punto peligroso, comenzar por insinuar comparaciones parciales con el régimen castrista. Para empezar, una república no puede obligar a los obreros a trabajar «voluntariamente» a donde el gobierno le plazca. En una democracia, y ese es uno de sus riegos, es preciso discutir libremente el uso de los limitados recursos económicos de la nación y permitir que haya protestas y disensiones. De ahí que no le sea posible igualar el «logro» parcial que ostenta un poder dictatorial.

Esa limitación queda ampliamente compensada con la libertad colectiva, con el permitir que los ciudadanos establezcan sus negocios y trabajen allí donde lo crean conveniente, con la seguridad de que el derecho a la propiedad, a las ganancias, al trabajo y a la prosperidad, están garantizados por el gobierno; y que nadie va a ser encarcelado o golpeado por opinar, escribir, pintar, cantar, o rezar como más le venga en gana. A lo cual se le suma que, respaldados por el «consensus» del pueblo, los progresos que alcanza una democracia suelen ser más firmes y duraderos que los que logran las dictaduras. Siempre es bueno recordar que la democracia norteamericana, despreciada como decadente por los fascistas y desahuciada como moribunda por los comunistas derrotó a los primeros y sobrevivió a los segundos.

Los «logros» sociales de una dictadura están incrustados en la dictadura. Quien quiera conservar los efímeros «logros» de la dictadura socialista, tiene que estar dispuesto a aceptar los infinitos males de esa dictadura. Los que amen y opten por los bienes de la democracia tienen que aceptar también sus limitaciones y, como señaló el Romano Terencio, sus inevitables riesgos. Ese es el viejo dilema que se le presentará en un futuro próximo a los cubanos.

Sobre el «kranken volk»

Comprendo que al hablar de un «kranken volk», de un pueblo enfermo, abro una serie de inquietantes preguntas. ¿Cuándo se enfermó el pueblo cubano?, ¿con qué derecho se traza ese diagnóstico?, ¿hasta dónde llega el padecimiento? No tengo claras respuestas a tales interrogaciones, pero sí creo tener algunas ansiosas observaciones. Bajo el régimen comunista, Hungría ensayó una sublevación, Polonia irguió el firme dique de «Solidaridad», Checoslovaquia tremoló su «primavera de Praga» y se replegó luego en un audible silencio desafiante. Aun en la China de viejas murallas, los estudiantes rasgaron la máscara del poder totalitario.

A los cuarenta y tres años de una dictadura que ha superado el oprobioso récord de longevidad establecido por Porfirio Díaz en México (35 años), y que es ya cuatro veces más larga que la de Hitler, y casi veinte años por sobre la de Stalin, después de la delirante entrega inicial a Fidel Castro, tras innumerables abusos, fracasos y penurias, constatando el derrumbe del comunismo en Europa y en Rusia, en el pueblo cubano, antaño famoso por su ánimo levantisco y rebelde, no se alcanza a notar una visible expresión de repudio colectivo al régimen castrista.

Esa afirmación no contiene censura ni reproche, trata simplemente de establecer un factor a considerar para ajustar perspectivas. Y conste que, naturalmente, no me refiero a manifestaciones públicas que atraigan castigos y golpes, sino a esa sorda resistencia, a esa negación pasiva o activa que notan los viajeros cuando visitan a un pueblo obligado a callar, y que también expresan los que de esa situación logran escapar.

Esa percepción de mera superficie, que, puesto que nadie sabe la marea que se oculta bajo la superficie de un pueblo, puede estar completamente equivocada o resultar soberanamente injusta, ni demerita ni borra, por el contrario realza el heroísmo de los que han regado con su sangre las tierras y los mares de Cuba, los «plantados» en las prisiones, los que desde el exilio intentaron acciones bélicas contra el régimen, los que integran ese puñado que lucha por los derechos humanos y que dan en las cárceles estalinistas por defender la libertad de todos. Esas acciones y esos nombres merecen el honor de ser los que cargan sobre sus hombros la dignidad de un pueblo. Pero la existencia de esa heroica cohorte de rebeldes no disipa la visión de parálisis que parece brotar del conjunto.

No se me oculta que esa inercia, esa pasividad, que nada tiene ya que ver con el entusiasmo de los primeros años, es un resultado conocido de toda represión totalitaria, diagnosticado hace años, con escalofriante precisión, por Hanna Arendt. En su libro «The Life of the Mind», la conocida escritora apuntó que un régimen totalitario logra instaurar en el pueblo una amorfa condición de «no pensar». Tales regímenes abruman a la masa con proyectos «salvadores» y la mantienen en permanente alarma con la amenaza de reales o imaginarios enemigos. En esa sociedad, controlada por el poder de un tirano que sólo premia la completa obediencia o la resignación, sólo los más excepcionales individuos son capaces de quebrar la inercia colectiva para erguir una gallarda protesta. Las condiciones ambientales, sin embargo, agudizadas por la perenne búsqueda de la mera subsistencia, suelen impedir que ese noble desafío afecte la morosidad de la mayoría.

Es posible, por tanto, que en Cuba, como apunta Jacobo Timmerman, el miedo a la represión haya interiorizado la resistencia hasta el punto de hacerla inaudible monólogo[47]; o que, como señala Roberto Luque Escalona[48], al pueblo cubano le hayan quebrantado el espíritu combativo. Puede ser que la esperanza de escapar de la Isla resuma y consuma las energías de los opositores. Acaso la falta de apoyo externo, uno de los grandes pecados del exilio, le reste alientos a los luchadores internos. Quién sabe si algunos sectores de la población, bombardeados por una propaganda que les machaca que todos le deben todo a Fidel y que el menor cambio va a traer a los «marines» y a los vengativos exiliados, prefiera encogerse y limitarse a sobrevivir. Pero todas esas razones, que conviene explorar «sine ira et studio», sirven para explicar, no para negar el fenómeno.

El kranken en el exilio

El diagnóstico inicial de la parálisis, del «kranken volk», se justifica aun más cuando es perceptible que en el exilio, la parte desgarrada pero libre del pueblo cubano, también se han desarrollado conductas paralelamente anómalas. Durante esas mismas cuatro décadas, con tiempo para ello, los cubanos del exilio, salvando las innegables excepciones, no han logrado sosegar sus discusiones para alcanzar una más democrática convivencia política, ni logrado una revaluación seria del proceso que los llevó al exilio, ni mantenido una decidida vocación de ayuda a los que en la Isla han quedado. El exilio cubano ha gastado más energías en combatirse a sí mismo que en combatir a Castro.

---

[47] Jacobo Timerman, *Cuba: a Journey* (New Yor: Knopf 1990).

[48] Roberto Luque Escalona, *Fidel: El Juicio de la Historia* (México: Editorial Dante; 1990). Principalmente el cap. XI, «El principio de la ruina».

Algunas de las razones de ese anómalo comportamiento son relativamente visibles, pero el conjunto es harto más difícil de descifrar. Tengo el convencimiento, para citar un ejemplo, que una de las causas que contribuyen a hacer tajantes las interminables polémicas que han desgarrado, y degradado, al exilio cubano es la ilusión, generosa o ávida, pero ilusión al fin, que lleva a creer a muchos «dirigentes» que el exilio va a tener peso determinante en el futuro de Cuba. Nada específicamente criticable tiene tal esperanza. A fin de cuentas, la palabra «ilusión» viene del latín «ludere», que significa «jugar». De ahí que «aludir» sea referirse a alguien que está en el juego y «eludir» evadir entrar en el juego.

No comparto tal ilusión sobre el papel del exilio, pero, atendiéndome al sentido original de la palabra, eludo el aludir a nadie. No me interesa más que ayudar a entender mejor el porqué de la acidez con la que se han deshecho casi todas las reuniones y encuentros de los exiliados. Más allá del carácter hispano, con su famosa tendencia a cruzar palabras como espadas, llamo la atención sobre como esa entrañable ilusión de preeminencia futura ha servido de venenosa savia que emponzoña las discusiones.

Si existiera la convicción colectiva de que el exilio no puede más que ayudar generosamente a que Cuba salga, con sudor y lágrimas, del profundo atolladero en que se encuentra, sería fácil discutir sosegadamente las ideas y proyectos de cualquier grupo o individuo. Tales planes serían considerados en su adecuada perspectiva: como meras contribuciones al esfuerzo de un conjunto humano periférico al drama.

Pero si se parte de la ilusión de que se lleva sobre los hombros la salvación de la patria y que a la caída de Fidel se van a ocupar posiciones claves en Cuba, entonces cualquier proposición es juzgada y criticada como atentoria a la posición que se espera alcanzar después de la «liberación».

La aspiración política, legítima en sí misma, pero basada en una gran ilusión, en un «jugar» con la realidad, en una perspectiva convenientemente ajustada a lo que es y puede ser el exilio en la pavorosa incógnita que representa el futuro de Cuba, se convierte así en acicate para comenzar desde ahora a empequeñecer prestigios ajenos.

Esa y muchas otras tendencias, que parecen indicar un padecimiento, un «kranken» en el exilio, o en sus sectores más destacados, levantan una bandada de preguntas.

¿Por qué ocurre eso? ¿Es que el problema reside en la colectividad y no en la circunstancia? ¿Qué papel debe jugar el exilio en el futuro de Cuba? Tales interrogantes, índice de otras calladas angustias, no son gratas de expresar o de oír y podrían ser sepultadas por un aluvión de apasionados argumentos o por andanadas de retórica patriótica, pero ello no elimina ni la duda ni la pesadumbre.

Vale la pena hacer aflorar la cuestión para, por lo menos, examinar todos los aspectos del caso, tratar de dar con la causa de los síntomas y formular algunos esquemas que permitan orientar la conducta de un pueblo desolado, cuyos abismales problemas de futuro dan vértigo.

Cuba como proyecto

Ese vértigo de abismo que provoca el futuro de la Isla, incita a plantear el drama de Cuba en una visión de conjunto. Cuba requiere, además de útiles proyectos parciales sobre los problemas de la reconstrucción, un proyecto general que oriente la acción colectiva.

Un pueblo, como un individuo, puede sufrir una crisis de futuro, un no saber hacia dónde encaminarse, un desfallecer ante la aparente inutilidad de todo esfuerzo. Tales desalientos suelen ocurrir tras el derrumbe de un proyecto anterior que había concitado una alta tensión de entusiasmo: la guerra o una revolución. El fracaso, si es aplastante, deja sin alientos ni esperanzas.

En 1815, tras la disolución y la desilusión del huracán revolucionario y napoleónico, Francia pasó por uno de esos momentos de pausa y crisis de proyecto. «¿Cuál es nuestro futuro?» se preguntaba Alfredo de Musset, «¿qué vamos hacer ahora con esta Francia empequeñecida y sin gloria?» Con una típica exageración romántica, Musset le llamó a ese desaliento «Le mal du siecle», «el mal del siglo».

Ciento treinta años más tarde, en 1945, tras el colapso y la ruina del sueño hitleriano, los alemanes cayeron también en ese paralizante estupor de futuro. La generación de Adenauer y Erhard, encontró un proyecto, «la recuperación del orgullo nacional», que infundió el «selbstvertrauen», la confianza colectiva, en el pueblo alemán. «Alemania no tiene que ser imperial para ser grande», era el lema favorito de Adenauer.

Dentro de unos meses, o unos años, el pueblo de Cuba ha de constatar la plenitud de lo que ya conoce parcialmente, la plenitud del fracaso del proyecto castrista. Un pueblo al cual se le pidió exorbitantes sacrificios para crear un futuro mejor, se encontrará sumido en un pasado peor. La generación más vieja, la que creyó en Fidel y proporcionó el entusiasmo inicial, está agotada y diezmada. Las dos que la siguen, están inficionadas por el cinismo que ha provocado la enorme hipocresía del régimen. Por sobre el miedo a la represión, el sistema castrista navega a la deriva y al desastre sobre la indiferente docilidad que crea una prolongada dictadura.

Si tal es la circunstancia, y no veo como, a pesar de heroísmos individuales o de grupo, pueda ser registrada de otra forma, resulta claro que, una vez derrumbada la Muralla Castrista, una de las más urgentes urgencias del pueblo cubano va a ser el encontrar un proyecto nacional que estimule y unifique las letárgicas energías.

De ahí el que señale la necesidad de estudiar a Cuba como proyecto. De indagar qué fórmula de futuro se le puede ofrecer a un pueblo anonadado por el fracaso.

Pensar en Cuba como proyecto tiene dos grandes ventajas: la primera es que las variaciones circunstanciales de la caída del castrismo afectan poco a la idea. Es decir, esas terribles incógnitas que se agazapan en el futuro de Cuba, el grado de deterioro económico y moral, no hacen mella en un proyecto general que asume la posibilidad de iniciar la marcha a nivel cero.

La segunda ventaja es que los ideales que rigen el proyecto no dependen de la «cronología» de la caída de Fidel. Hacer planes contando con que el régimen castrista se va a derrumbar a plazo corto y fijo es tarea sumamente arriesgada. Las variables del evento son infinitas, y van de un golpe militar «pacífico» a una convulsión sangrienta.[49] Hay que intentar, por tanto, configurar un proyecto que pueda guiar la acción nacional lo mismo dentro de cinco meses que dentro de cinco años.

La tarea es sumamente difícil, pero no imposible. La independencia, el gran proyecto cubano del siglo XIX, tardó décadas en gestarse y se mantuvo firme frente a derrotas, fracasos y querellas internas, precisamente porque el ideal guiador volaba por encima de los cambios en las circunstancias históricas.

Ese tipo de proyecto capaz de dar largo salto sobre el presente, esa motivación colectiva que pueda superar la coyuntura más terrible y aunar las energías del pueblo cubano para reanudar la penosa marcha hacia un futuro mejor, pudiera basarse en la potencial energía de tres estímulos: nacionalismo, democracia y reconciliación.

Nacionalismo, porque esa ha sido una fuerza constante y vital en el proceso cubano. Desde 1868 a nuestros días, pocos pueblos han sufrido más y han logrado más en su marcha nacional que el pueblo cubano. Castro usó, abusó y dilapidó ese caudal de ímpetu, ese orgullo de ser cubano, en descabelladas aventuras imperiales que satisfacían su ego. Los que lo sucedan tienen que tratar de movilizar esa fuerza en pos de objetivos más nobles, de inyectarle al pueblo el orgullo de trabajar por su propia felicidad, y por la prosperidad, la justicia y la libertad de una isla que puede ser ejemplar en la ínclita tarea de la reconstrucción.

Democracia, porque a pesar de todas las degradaciones, escamoteos y tergiversaciones que ha sufrido esa palabra, el concepto sigue siendo la mejor esperanza de los pueblos. Democracia en su sentido integral, es decir, no limitada al voto, o a la proclamación de leyes y constituciones, sino basada en el respeto a la disidencia y a la legislación, eliminadora, en todo lo que sea posible, de la corrupción privada y pública, que aspire a darle a cada cubano la oportunidad de abrirse camino en la vida.

---

[49]   Véase más adelante el epígrafe «Las variaciones del 'cómo' va a caer Castro».

Reconciliación, porque tras el vendaval de odios y divisiones que ha sembrado Castro, es preciso hacer un esfuerzo colectivo para sepultar los rencores y los abismos que han surcado hondamente la conciencia cubana. Sé muy bien que la cadena de abusos y crímenes del régimen hace rechinar los dientes de la conciencia, pero los heroicos mambises lo hicieron en 1898, cuando, siguiendo la pauta que trazaron Martí, Varona y los propios generales de la guerra, se esforzaron en solidificar la independencia y el futuro, y no en vengarse de los españoles y de los «guerrilleros» que se habían quedado en Cuba. «La guerra ha terminado», aconsejó generosamente Máximo Gómez, «la paz va a necesitar del esfuerzo de todos».

Ese ideal de reconciliación requiere, sin embargo, una aclaración esencial. La reconciliación no exime de culpa a los responsables de los crímenes del régimen, los cuales deben de ser juzgados por tribunales apropiados y justos. Ni implica permitir la supervivencia de ninguna organización vinculada al sistema totalitario actual. Reconciliarse con los castristas, con los cubanos que por razones inevitables trabajaron con el régimen, es necesario para salvar al futuro, reconciliarse con el castrismo es traicionar ese futuro. El ejemplo de Nicaragua y los sandinistas es aleccionador: al menos inicialmente, la democracia cubana no puede permitir la existencia de un partido, organización, grupo o fuerza que pretenda continuar la tradición fidelista. Llegar a un compromiso con cualquiera de esos grupos es comprometer la paz y condenar a Cuba a otra lucha fratricida.

Esa necesidad de ser justos con los castristas no merma el objetivo esencial de la reconciliación. La muy humana tentación de vengar agravios personales y hacer del odio una pasión dominante implica concederle al gran hincador de odios que hoy ahoga a Cuba la victoria final. Mientras no haya una genuina reconciliación nacional, la sombra de Fidel Castro seguirá rigiendo los destinos de Cuba desde más allá de la tumba.

Es hora de alzar un nuevo y esperanzado lema de futuro. Frente al grito nihilista de «¡Socialismo o muerte!», debemos proclamar, como han hecho ya los disidentes cubanos que se niegan a marchar hacia el Apocalipsis, un lema mucho más fecundo y positivo: «¡Democracia y Vida!».

REFLEXIÓN SEGUNDA

Del Monólogo al Diálogo.

«Para conmigo no hay palabras blandas, que ya os conozco, fementida canalla –dijo Don Quijote– y sin esperar más respuesta, picó a Rocinante, y lanza en ristre arremetió contra el primer fraile».

Don Quijote; 1ra Parte; cap 8.

MONÓLOGO Y DICTADURA O CÓMO NOS VOLVIMOS UN «KRANKEN VOLK»

> «Desde 1933, una sola voz se imponía en Alemania. Los alemanes se habían vuelto un 'kranken volk'» (un pueblo enfermo).
>
> Curzio Malaparte

El primero de enero de 1959, Cuba cayó en estado febril. El portador del paroxismo llegaba aureolado con visibles símbolos freudianos. Era un joven revolucionario, alto y barbudo, que empuñaba un largo rifle y había «liberado» a la joven y trémula República. Descendía de las montañas enarbolando un sueño tejido con fragmentos de viejos sueños rotos. Sus palabras resonaban como bálsamos de gloria. «Paz, libertad, honestidad y trabajo».

Los cubanos se tornaron delirantes, las cubanas se estremecieron ante «un iluminado». Todos los entusiasmos, frustraciones y enajenaciones que fermentaban en un pueblo tropical, ebrio de azúcar, café y fantasía, y ávido de héroes, estallaron como fuegos artificiales. Quienes luego han dado en culpar a Kennedy o a Kruschev de lo ocurrido en Cuba, no vieron, o no quieren recordar, aquellas escenas espasmódicas de la apoteosis del héroe.

Tras el índice alzado del líder homérico, la utopía se hizo comunión colectiva. Cuba iba a ser plenamente soberana, dueña de su destino, próspera y justiciera. «¿Armas para que?» Reforma Agraria equitativa, industrialización rápida, exportaciones múltiples. «El entusiasmo popular, liberado de presiones y opresiones, trabajando, como lo soñó Martí, para el beneficio de todos, va a transformar a Cuba en lo que siempre debió haber sido un Paraíso». Así hablaba Zaratustra-Castro. El Paraíso estaba al alcance de la mano. Sólo los ciegos o los malignos no lo veían. Un paso más y llegamos. «Adelante cubanos, que Cuba premiará nuestro heroísmo».

El fervor popular permitió forjar una estructura de poder y de obediencia en torno al Máximo Líder. «¡Deus Vult!», «¡Dios lo quiere!», gritaban en la Edad Media los enfebrecidos soldados de la Primera Cruzada, «¡Fidel lo quiere!», gritaban estos nuevos cruzados sin cruz. Así, montada en fantasías, la utopía prometida se transformó en un «Juggernaut», en el carro de ruedas enormes que, en la India, los sacerdotes de Visnú hacían rodar sobre las masas de delirantes creyentes, triturando a su paso a los más ardientes fanáticos.

El Juggernaut aplastaba a los que dudaban, a los que interrogaban, a los que argüían que Cuba, sin planes serios ni petróleo, no podía alzarse a potencia industrial, a los que nunca se sintieron tocados a rendir sus destinos a los pies de un héroe inapelable, a los que veían, sentían y sufrían como la utopía se hacía, día a día, más onerosa, más férrea, más implacable. Cubanos inmediatamente desechados como bagazos contrarrevolucionarios por un ingenio implacable y enorme que, a lo largo de la Isla, humeaba entusiasmos y molía seres humanos en una zafra monstruosa e interminable.

Mientras tanto, tocado en la frente por la vieja Hécate de los helenos, el héroe intoxicaba, y se intoxicaba, con esa droga suprema, con ese afrodisíaco metafísico, con ese elixir, cuyo vigor ni se agota ni sacia, que se llama el poder absoluto.

El Máximo Líder recibió bien temprano la extrema unción del elixir enervante. Desde lejos fui testigo de ese momento alucinante.

Contemos esa historia.

Fue a las cinco de la tarde, el 22 de enero de 1959. Medio millón de cubanos habían sido congregados frente al Palacio Presidencial, en una «Operación Verdad», organizada para refutar la reacción negativa de la prensa mundial ante los fusilamientos sumarios que Raúl Castro había ordenado en Santiago de Cuba. Eran las cinco de la tarde. El calor ahogaba.

Desde un balcón, vestida de verde olivo, Violeta Casals presentaba a los oradores. Un cerrado rumor ascendía de la multitud sudorosa e inquieta. Habló el «presidente» Urrutia. Nadie le prestó atención. Habló Camilo Cienfuegos. El murmullo de la masa disolvió sus palabras. Música del 26 de Julio. Violeta Casals aúlla el histerismo de un anuncio: «¡Y ahora el invencible y legendario Comandante Fidel Castro Ruz!». Fidel toma el micrófono. Aplausos aislados, voces dispersas, la resonancia no cesaba.

Entonces Fidel hace algo insólito. Se lleva un dedo a los labios y exhala «Suchss...» demandando silencio. Los que están cerca se callan. Como en invisible onda, el ruido se va extinguiendo hasta apagar al horizonte. En segundos, no se mueve una hoja ni alienta un rumor. Medio millón de cubanos se quedan inmóviles, mesmerizados, en un silencio tan vasto que oprimía.

De pronto, como el primer rugido de un huracán que se aproxima; como una ráfaga oscura que avanzaba sobre el Palacio; como un sordo trueno que llegaba rodando sobre las cabezas; como una ola que parecía empinarse en un «crescendo» infinito, un grito unánime y cerrado chocó contra el balcón y se dispersó en la tarde... «¡Fidel!», «¡Fidel!», «¡FIDEL!».

En el balcón, peraltadas las piernas, engarfiadas las manos al micrófono, dilatadas las ventanas nasales, el líder inhalaba aquel grito primitivo que le llegaba en intoxicantes tufaradas. Nadie ya podía alcanzarlo. Nadie ya podía frenarlo. Estaba solo, apenas si rodeado por los insectos humanos que junto a él contemplaban estremecidos la transfiguración.

El grito unánime y fanático lo alzaba al poder supremo. A él, a él nada más. Nadie podía osar discutirle una palabra. El destino de esa masa aullante que se rendía en un tributo unánime estaba en sus manos. El líder se había vuelto poder inapelable. Cuba iba a marchar hacia donde él quisiera que marchara. La utopía que le rondaba en la cabeza, él la haría realidad, costara lo que costara. Con cada aullido su horizonte se expandía hacia el infinito. Hoy Cuba, mañana la América Latina, luego el mundo.

El 22 de enero de 1959, a las cinco de la tarde, a las cinco en punto de la tarde, el monstruoso Juggernaut se puso en movimiento. Bajo sus enormes ruedas, un «kranken volk», «un pueblo enfermo» aplaudía su propio aplastamiento.

Desde esas terribles cinco de la tarde, un terrible, férreo, interminable monólogo se cerró sobre Cuba.

DIÁLOGO Y DEMOCRACIA, O CÓMO INTENTAR CURARNOS

«¡Córtenle la cabeza!», vociferó la Reina. «Pero no ha habido juicio Majestad»...»¡No importa!», gritó la Reina, «¡La sentencia primero, el juicio después!».

«Alicia en el País de las Maravillas»

El largo y asfixiante monólogo castrista ha llegado a crear en la conciencia cubana una reacción negativa a muchos vocablos del repertorio fidelista. Palabras de la más acendrada raigambre castiza, «compañero», «justicia social», «reforma agraria», «comunidad», «diálogo», provocan sospechas instintivas: Fidel las ha usado, luego todo el que las usa algo tiene de fidelista. La actitud es en sí una contradicción.

Pongamos como ejemplo la palabra «diálogo». No referida a diálogo con Castro, o con el régimen castrista, sino a la ancestral nobleza que ese magnífico vocablo encierra. Ocurre que «diálogo», representa todo lo que se opone a lo que Castro es y significa. Fidel, como todo los déspotas, monologa. Para Fidel, como para todos los fanáticos del poder, el diálogo es una perpetua amenaza. El poder dictatorial se basa en una sola voz, una sola opinión, un inapelable monólogo. El diálogo, por el contrario, requiere otra opinión, implica la capacidad de disentir, señala la posibilidad de oponer argumentos al criterio ajeno. Por eso los déspotas lo suprimen.

Hace más de un siglo en cierta famosa ocasión, durante una fiesta de gala en el Palacio Imperial Moscú, el Embajador de Francia ante la Corte Rusa osó comentarle al zar Nicolás I que acababa de dialogar con una persona muy interesante. El gran autócrata frunció el ceño y dejó caer este helado comentario, expresión sempiterna de lo que es la autocracia: «Señor Embajador, tome nota de que en Rusia no hay diálogo. Y no existe más que una persona interesante: la persona a quien yo le hablo, y eso sólo *mientras yo le hablo*».

A esa postura autocrática que se sustenta de sí misma, se opone el mesurado razonamiento que es la esencia del diálogo. De ahí que, con un aceptable toque de exageración, se pudiera decir que la civilización occidental nació de una pregunta y de un diálogo. La pregunta auroral probablemente la formuló uno de esos anónimos filósofos trashumantes que hicieron famosa a Mileto, 600 años antes de que naciera Cristo. En el ágora de la ciudad, el perdido pensador preguntó si alguien le podía explicar qué sentido tenía la vida humana. Y provocó un interminable debate.

Mucho más tarde, en la rumorosa Atenas, Platón intentó darle una respuesta rigurosa a la pregunta e inventó el diálogo filosófico y, con él, la dialéctica (palabra derivada de un vocablo griego que significa «conversar"). Platón le ofrecía sus ideas a la juventud ateniense, no monologando sobre su doctrina sino relatando las conversaciones de Sócrates con sus discípulos. Así, la forma de la exposición era en sí misma una enseñanza. Platón no trataba de abrumar a nadie con sus argumentos, sino que intentaba razonar platicando, haciendo que, en diálogos luminosos, varios caracteres examinaran una cuestión desde diversos ángulos, para «progresar» hacia el concepto más lógico. Por eso, más tarde, Aristóteles añadiría que meditar era «dialogar interiormente para progresar hacia sí mismo». El objetivo del diálogo no era vencer sino convencer.

Después de la caída del Imperio Romano, a pesar de invasiones bárbaras y cataclismos sociales, esa noble tradición de dialogar y razonar sobre temas, en la que la dialéctica y la lógica se confundían, se mantuvo constante en el pensamiento occidental. Aún en la Edad Media, cuando la sombra de la Iglesia cubría y salvaba la cultura, Abelardo escribió su famosa «Dialéctica»; y los estudiantes universitarios obtenían sus títulos sólo tras someterse a unas «disputaciones» sobre las tesis que querían presentar. Esas «disputaciones», crítica y defensa de un argumento, representaban esfuerzos por mantener viva la tradición de los diálogos platónicos.

Anotemos, de paso, que la palabra latina «putare» tenía aparentemente, dos significaciones, una que era «calcular», de donde se deriva «computar», y otra que significaba «limpiar», de donde viene «reputare», reputación, la limpieza del nombre, e «imputare», imputación, la intención de manchar el nombre. «Disputar» era, pues, originalmente, purificar un argumento al estilo platónico, mediante un debate. Lamentablemente, el creciente apasionamiento con que estudiantes y teólogos medievales defendían sus tesis deformó la palabra hacia su sentido actual de «disputa» como equivalente a «altercado» o «riña». Lo cual es, exactamente, lo contrario a la intención de los diálogos platónicos.

De todas formas, con tales nobles antecedentes, resulta evidente que la palabra «diálogo», ineluctablemente vinculada al concepto de «democracia», debió haber sido siempre bandera izada contra todos los monologantes despotismos. Y que el exilio cubano, opuesto radicalmente a la autocrática perorata fidelista, debió haber sido una escuela de diálogo.

Pero los cubanos, y, en general, los latinoamericanos, se han inclinado siempre más a la disputa que al diálogo. Y, aun en el exilio, a los cubanos se les destaca una no muy saludable tendencia a imponer los argumentos más que a «purificarlos» con mesurados debates. Lo cual, según la idea aristotélica es negarse a progresar hacia sí mismos.

Ahora bien, afirmar que los cubanos no han sido nunca muy inclinados al diálogo, obliga de inmediato a una clarificación histórica. El carácter de los pueblos responde a un proceso de formación racial y cultural. Así como la música cubana sería inexplicable si se desconoce la decisiva contribución de los ritmos africanos, muchas de nuestras tendencias quedarían en el limbo de lo ininteligible si no hurgamos en nuestro ancestro hispano.

El vasto sector de la población cubana que afirma sus raíces en España, recibió de esa savia matriz una tribal propensión a imponer la opinión propia a toda costa. Innumerables son los análisis realizados sobre esa dimensión del carácter español que tiende a un desmesuramiento del juicio, a un apasionamiento en la opinión, que hacen muy difícil el diálogo. En el siglo I de la era cristiana, Plinio, quien fue Procurador Imperial en Hispania, juzgó a sus habitantes como padeciendo de «vehementia cordis». Dos mil años más tarde, Donoso Cortés escribía, «el carácter español es la exageración en todo». La añeja cuarteta que se supone resumía la esencia del honor castellano reza así, fiera y galana:

«Procure siempe acertarla
el honrado y principal;
pero si la acierta mal
defenderla y no enmendarla».

Prestemos atención a esa proclamación, tan llena de negativa arrogancia, de que los errores cometidos deben ser defendidos y no enmendados. Cuando lleguemos a la quiebra ética del régimen castrista, volveremos a toparnos con ella.

Con tal tradición a sus espaldas, era muy difícil que los descendientes de esos desmesurados españoles, aun suavizados por las brisas del trópico, abandonaran la innata vehemencia y sosegaran el ánimo para cultivar el diálogo. El cubano, como su antepasado ibero, aspira siempre a «llevar la voz cantante» y a imponer su criterio en cualquier grupo.

Esa voluntad impositiva requiere el desechar la opinión contraria como irrelevante e impone el monólogo. «Don Roberto», escribe y describe Carlos Loveira en su clásica novela «Juan Criollo», «además de cubanísimo en su debilidad por las faldas, lo era por otras muchas características... tenía el hábito de la conversación en alto registro, cálidamente accionada, y, sobre todo, cuando discutía, no dejaba hablar al desdichado que le replicaba, adivinándole siempre lo que iba a decir. Así, argumentando con la facilidad del sacerdote en el púlpito, replicándole con la ventaja del que juega solo al ajedrez, cuando él estaba en el uso y dominio de la palabra, nadie más hablaba».[50]

Tal característica de no dejar hablar al otro, ese ahogar al diálogo bajo un torrente de palabras, crea necesariamente una actitud mental de consecuencias hondamente deletéreas. A la hora de la discusión, cuando se quiere rebatir un argumento, como en realidad no se han oído, ni se han querido oír, las razones ajenas, se hace preciso embestir contra la persona del adversario. El argumento «ad hominem» es la consecuencia inevitable de la sordera frente al «otro».

Ese mal social de fulminar al prójimo a quien, por no estar de acuerdo con nosotros, reputamos de adversario, se ha hecho triturante en la Cuba de Castro, donde el monólogo del dictador está respaldado por la represión estatal contra todo el que disienta. Pero mucho antes de Castro su venenosa presencia había sido ya notada y condenada por muchos de nuestros intelectuales. En los mismos albores de la república, cuando en una ocasión Enrique José Varona se detuvo a observar como unos chicuelos se peleaban en una calle habanera, divididos en dos bandos, «rusos y japoneses», dio por reflexionar amargamente sobre como en el futuro esos cubanos se enfrentarían con igual saña, «se llamarán entonces liberales o conservadores», escribió Varona «pero se combatirán a puñadas o puñaladas, a tiros, a calumnias, como se haga más daño, en el cuerpo bueno, en la honra mejor; en la honra y en el cuerpo, mucho mejor. No piensas como yo, no me ayudas y, si me dejan, te extermino... al que no se quiera quitar del puesto por las buenas hay que echarlo a rodar por las malas»[51].

---

[50]   Carlos Loveira, *Juan Criollo* (New York: Las América Publishing Co.; 1964) p. 51.

[51]   Enrique José Varona, «Rusos y Japoneses», en *Desde Mi Belvedere,* (Barcelona: Editorial Maucci, 1917) p. 268.

Así juzgaba nuestro maestro la tendencia nacional en 1904, mucho antes de que la radio sumara su poder a la ferocidad de la lucha política. Mucho antes de que se nos multiplicaran fiscales públicos improvisados que basaban su popularidad en su capacidad de denigrar a cualquier prójimo que les cruzara frente a la mirilla de su micrófono. Nunca se requerían pruebas. La sentencia primero, el juicio después.

Aún recuerdo, con inevitable sonrojo, el asombro de un arquitecto norteamericano que fue invitado a La Habana, a participar en un jurado que iba a juzgar una serie de proyectos para un edificio público. Uno de los mejores diseños presentados fue rechazado «ab initio», porque «se decía» que el autor era «maricón», o «gay», como se diría hoy. No acertaba a entender el norteamericano que relación había entre el indudable mérito del proyecto y un rumor sobre las supuestas inclinaciones sexuales de su autor. Pero los cubanos sí lo entendían, o lo sentían, y procedieron a desechar, sin estudiarlos, los planos del susodicho arquitecto. La sentencia primero, el juicio después.

Es por eso que me alarmo cuando en el exilio, que debería ser «escuela de diálogo» y superación, o esfuerzo por superar tal ancestral tendencia, se cae en el mismo despeñadero y se acusa livianamente de ser «pro-fidelista», o «enemigo de Cuba» a cualquiera que expresa una opinión contraria. Sería mucho más saludable para la educación colectiva que cuando, en el peor de los casos, las expresiones de un compatriota están siguiendo un camino equivocado, razonemos el caso, demostremos el punto, pero no empecemos por dañar el prestigio personal de ese compatriota acusándolo de ser miembro de una oscura conjura fidelista o batistiana. El juicio primero, la sentencia después.

La innegable tradición hispánica de desmesuramiento que nos aflige, no es razón suficiente para resignarnos a ella. Como las estrellas, la tradición inclina, pero no obliga. Después de todo, no hace mucho que la propia madre España venció todos los pronósticos negativos basados en su tradición de individualismo anárquico, y supo pasar apaciblemente de la dictadura a la democracia.

Allá en Cuba, cuando escribía en Prensa Libre, en plena lucha contra el avance totalitario, protesté temprano y públicamente contra la táctica castrista de tildar de «contrarrevolucionario» a todo el que disintiera de la voz oficial. «Contra las razones que señalan los riesgos y peligros de la Reforma Agraria», escribí en un artículo titulado «Proa a la Tormenta» (junio 12 de 1959), «quisiéramos escuchar mejores argumentos que los calificativos de 'reaccionarios' o 'contrarrevolucionarios' disparados contra el que razona»[52].

Más tarde, cuando en un mitin infame, Castró azuzó a la multitud hasta que demandó estentóreamente el fusilamiento del Comandante Hubert Matos, a quien se le mantenía arrestado e incomunicado por el «delito» de renunciar a su cargo, protesté públicamente contra ese bárbaro sistema de juicio, repudiando el grito de «¡paredón!» que reverberaba en la masa. «¿Dónde estaba toda esta gente», pregunté, «mientras allá en la Sierra el hombre contra el cual vociferaban se jugaba la vida por la libertad de Cuba?... ¿Qué hacían entonces todos estos exaltados que ahora, bajo la tremenda impunidad del número, palmotean y demandan la muerte de una persona a quien aún no se le ha dado la oportunidad de defenderse?... ¿Es que la libertad, la vida, y el prestigio de seis millones de habitantes van a depender de lo que grite en una plaza pública una fracción airada de esos seis millones?»[53] Entre otras muchas causas, esa actitud, por la cual una vez a mí también se me pidió el paredón, me obligó a marchar al exilio.

En semejante forma llamo la atención acá para ver si podemos rechazar tan maligna tradición, para sosegar los juicios y no dedicarnos a suprimir los diálogos, que esclarecen e iluminan las cuestiones, mediante el ataque a las personas. *La lucha no es, o no debería ser contra la dictadura de Fidel, sino contra todas las dictaduras.* Y muy especialmente contra el método, germen de todo despotismo, de pretender que soy el monopolizador de la verdad y que el que no opina como yo alienta oscuras y malignas intenciones y debe ser aplastado.

Los exiliados son, o deberían ser, representantes de la vocación democrática del pueblo cubano. La democracia comenzó en Atenas,

---

[52] La colección de artículos que escribí en Cuba bajo Batista y Castro están contenidos en mi libro *Cuba: Conciencia y Revolución* (Miami: Ediciones Universal, 1972).

[53] «Prensa Libre», la Habana, Noviembre 1 de 1959.

su escuela platónica fue el diálogo. Y si no comenzamos por aprender aquí a dialogar, a superar la vocación y la sumisión al monólogo que nos llevó a volvernos un «kranken volk», difícil será que podamos aportar un ejemplo curativo y democrático a los cubanos que hace más de cuarenta años no pueden disentir.

REFLEXIÓN TERCERA

Los Factores del Futuro

«Porque si en las cosas de mi patria me
fuera dado preferir un bien a todos los demás, un bien fundamental, sin el cual todos
los demás resultan falaces e inseguros, ése
sería el bien: **yo quiero que la ley primera de nuestra república sea el culto de
los cubanos a la dignidad plena del
hombre**».

José Martí[54]

[54] José Martí, «Con todos y para el bien de todos». *Obras Completas*; Vol I, pag. 698.

LA IMPORTANCIA DEL «CÓMO» VA A CAER CASTRO

L a tragedia de Macbeth se inicia con la escena de unas horribles viejas que musitan extrañas encantaciones, mientras baten enormes pailas humeantes. Esas brujas, a quienes se suponía capaces de predecir el futuro, sabían, como saben todos los oráculos que en el mundo han sido, que del futuro, los mortales sólo quieren oír lo que les es grato. Así, frente a la voraz atención de Macbeth, se rieron y hablaron oscuramente. Macbeth, naturalmente, interpretó las enigmáticas palabras de acuerdo a su ambición, y se precipitó hacia el desastre.

Lo que nosotros en el exilio queremos oír sobre el futuro de Cuba bien me lo sé. La mención del pueblo donde crecí, Santiago de Cuba, basta para dispararme una ola de añoranzas que ahogan la lógica. Anhelo que alguien me profetice que está próximo el retorno a mi ciudad, que mi pueblo va a ser libre, y que estamos en los umbrales de una era de paz y libertad en Cuba y en el mundo. Pero entre esa apasionada querencia, o esa voluntad «deontológica» que dirían los griegos, y una valoración objetiva del futuro de Cuba, se yergue una realidad que es preciso analizar si no queremos seguir el trágico destino de Macbeth. «La mente tiene razones que el corazón no conoce», esa inversión de la famosa frase de Pascal es una invocación a la lógica. Hablemos con la mente y no con el corazón.

Todos conocemos los factores que han producido la honda crisis del gobierno castrista. El colapso del comunismo en Europa, la democratización de la América Latina, la desmembración de la Unión Soviética, la creciente penuria en Cuba. Pero tales factores no bastan para descifrar los rasgos del futuro inmediato. Es preciso insertarles dos elementos de soberana importancia. Uno el carácter de Fidel Castro, quien, a diferencia de los líderes comunistas de la Europa del Este, no fue impuesto por las bayonetas soviéticas, logró montar un gran tinglado internacional alrededor de su imagen revolucionaria y sigue siendo la única figura capaz de mantener en un puño los vacilantes hilos que sostienen la estructura política y social de Cuba. El otro elemento es el «cómo» va a caer Castro.

Antes de ocuparnos de las alternativas del «cómo», hagamos una breve y necesaria digresión sobre el riesgo de subestimar al gran barbudo que aún manda en la Isla.

Comencemos con un ejemplo histórico.

En un día del año 202 antes de Cristo, frente a la llanura de Zama, el mejor general romano Publius Cornelius Escipión, preparaba meticulosamente los planes para dar batalla al gran Aníbal Barca. Con cierto desdén, un joven oficial expresó sus dudas sobre la necesidad de tantas preparaciones, Aníbal estaba aislado y sin caballería, la victoria estaba asegurada. Escipión lo degradó en el acto. «Hace catorce años», advirtió el general, «Roma menospreció a Aníbal como a un jefecillo de tribu ibero. Tal error de juicio nos ha costado años de guerra, incontables legiones, y la devastación de media Italia. Jamás debemos repetirlo. Si Aníbal tuviera junto a sí sólo un puñado de soldados, yo prepararía con igual cuidado esta batalla».

Sabio era Escipión. Inmortal su consejo. En 1956, Batista subestimó a Fidel Castro, «un bandolero de la Sierra», y tuvo que escapar al exilio. Muchos líderes del 26 de Julio, y otros opositores a Batista, creyeron que podían domeñar al victorioso barbudo: terminaron presos, fusilados o en el exilio. En 1961, Washington desdeñó a Castro y lo consideró a la altura del guatemalteco Jacobo Arbenz: el desastre de Playa Girón fue el resultado. En 1964 y en 1968, los comunistas cubanos, «la vieja guardia» del partido, creyó que podían llegar a dominar la situación en Cuba, Aníbal Escalante y la vieja guardia comunista fueron barridos del poder. En 1990 se hizo general la creencia de que el colapso del comunismo en la Europa del Este y en Rusia determinaba la inminente caída de Castro. Dos años más tarde Fidel sigue aferrado al poder. ¿Hacen falta aun más ejemplos para asimilar el viejo consejo de Escipión?

Por primera vez en su historia Fidel está bajo un jaque serio, pero el jaque no es aún mate. Venezuela le sigue proporcionando petróleo, las «democracias» latinoamericanas, incluyendo a Nicaragua, ni rompen con él ni se deciden a acusarlo públicamente. Hay inversionistas españoles arriesgándose en Cuba. Y Fidel cuenta con su extraordinaria personalidad, con todos los recursos del poder, y con grupos obstinados que en los Estados Unidos y en la América Latina aún pretenden defenderlo. Subestimarlo, planear como si ya él estuviera fuera del cuadro, o como si se pudiera asegurar su graciosa salida del poder, es obnubilar una visión real del futuro.

Por otra parte, si algo ha enseñado la historia de los dictadores contemporáneos, de Stalin a Hussein, es que la crisis económica interna no basta para quebrar las bases de su poder. El nivel de sufrimiento colectivo tiene que llegar a límites más bajos que la desesperación para provocar una protesta o una resistencia que rompa el equilibrio del régimen.

Fidel está ahí, acosado por una creciente e insoluble crisis económica, balanceando su figura entre el pasado y el futuro de Cuba. Pero todavía está ahí. De su carácter y sus reacciones van a depender muchas cosas. Procedamos a examinar los posibles vericuetos de su caída.

Alternativas del «cómo»

La convicción de que Fidel se va a caer pronto es general, lo cual, desde luego, no garantiza su veracidad, pero casi nadie aborda el *cómo se va a caer*. Y ese «cómo», en cuyo seno laten pavorosas posibilidades, es esencial para barruntar los rumbos del proceso cubano. Más que el «cuándo», porque Castro ha de morir en algún momento, el «cómo» va a determinar el cariz del porvenir.

Si, por ejemplo, Fidel desapareciera súbitamente, por causas naturales o artificiales, es muy posible que sus sucesores eliminen al heredero «legal», a su hermano Raúl y, presionados por las circunstancias –y liberados del nihilismo de Castro– se vieran obligados a moverse hacia un tardío «glassnot». Ello implicaría el primer paso hacia un socialismo democrático y, como ha ocurrido en Europa, las reformas se volverían pronto irreprimible torrente. En tal caso, el índice de violencia en el proceso de cambio estaría reducido a un mínimum.

Si, por el contrario, Fidel desapareciera en medio de una tolvanera política, estilo Rumania, la lucha entre las facciones que se disputen el poder, o entre diferentes sectores de la población, resultaría en una sangrienta catástrofe. Posibilidad que se hace harto más peligrosa si se considera que todavía hay tropas soviéticas en Cuba, y grupos exiliados que quisieran volver de inmediato, con armas en la mano, a intervenir en la «meléé» de la Isla.

El Götterdämnerung como alternativa

En el caso, todavía peor, de que a un Fidel acosado por la derrota se le proporcione una alternativa final, estoy convencido de que el Líder Máximo optaría por una solución hitleriana y haría todo lo posible por hundir a la Isla en un Götterdämnerung de incalculables consecuencias. Hay ya indicios de que Castro está preparando al pueblo para un éxodo masivo, estilo Cambodia, de las ciudades al campo. Las secuelas de tal «marcha hacia la muerte» son estremecedoras.

Más de una vez he advertido, y siempre conviene recordarlo, que Fidel Castro no es un Manuel Noriega o un Daniel Ortega, que sus rasgos de carácter lo aproximan más al mesianismo frenético de Hitler que al sombrío pragmatismo de Stalin.

Como Hitler, Castro llegó al poder tras un fallido ataque militar. De la defensa del Führer ante el tribunal que lo juzgaba en Munich tomó Castro su frase «La historia me absolverá». La oratoria castrista sigue el método repetitivo, sin humor y sin tregua, del líder alemán[55]. Como él, Castro fundó un partido cuya ideología se ajusta a lo que su ambición le dicta, su método de mando y trabajo exhibe la misma desesperante irregularidad que el de Hitler, y también él demanda absoluta lealtad a su liderazgo e identifica el destino de su pueblo con el suyo propio. Según esa lógica nihilista de totalitarismo personal, si el pueblo no conduce al líder a la victoria, el pueblo no merece sobrevivir.

En 1962, durante la crisis de los cohetes, Castro estuvo a punto de lograr el Götterdämnerung. Los documentos soviéticos han demostrado que, mientras el mundo suspendía el aliento, desde su «bunker» en La Habana, Castro urgía a Kruschov a que apretara los botones que iban a desatar el Apocalipsis.

Tales antecedentes hacen creíble la posibilidad de que Castro provoque un incidente con los Estados Unidos para caer envuelto en llamas, «salvando» su prestigio histórico en una batalla final con el imperialismo. Como anotó certeramente Kahil Gibran, «un hombre puede suicidarse en defensa propia».

Del «Patria o Muerte» al «Socialismo o Muerte»

Ese trágico proceso de Castro que lo ha llevado de la arrogante Declaración de La Habana, donde se proclamó la voluntad de «revolucionar» al Continente y convertir a los Andes en la Sierra Maestra, al acorralado numantismo de hoy, donde sólo se habla de resistir y «morir con dignidad», se puede medir por la feroz insistencia en el concepto de la muerte que ondea hoy en el lema favorito del dictador, «Socialismo o Muerte».

La bandera gloriosa de los mambises era «Patria y Libertad». No había dilema ni disyuntiva, no «esto» o «aquello», se luchaba para que la patria fuera libre y soberana. Sesenta años más tarde, al comienzo

---

[55] Para comparar el estilo de Hitler, basado en datos citados de memoria, en la repetición de afirmación sencillas y tajantes, en envolver fracasos describiendo un futuro dorado, con el de Fidel Castro, ver, Helmut Heiber, et. al., *Hitler: Habla el Führer,* (Barcelona: Plaza Janés, 1976), especialmente el capítulo «Hitler como orador».

de la revolución, Fidel Castro deformó la insignia mambisa borrándole el concepto de «Libertad», transformándola en dilema e insertándole una nota sombría: la muerte. El lema castrista era «Patria o Muerte». Ya no se trataba de luchar y vivir por la libertad de la patria sino de morir por ella. Y de morir por una patria controlada y aherrojada por un líder que se arrogaba el derecho de definir el patriotismo. Los cubanos que lucharan por la libertad no eran patriotas y merecían la muerte.

Treinta años después, un Castro acosado por la historia, volvió a torcer el lema, ahora es «Socialismo o Muerte». La patria y la libertad han sido sepultadas bajo la bota de la ideología. Los cubanos tienen que estar dispuestos a morir, no por la libertad o la patria, sino por el socialismo. Y ni siquiera por un socialismo moderno, abierto y democrático, sino por un socialismo férreo y anacrónico representado por el Líder Máximo. Los cubanos tienen hoy que perecer por Fidel o bajo Fidel. Aquellos que, devotos de la patria y de la libertad, yergan su resistencia contra la dictadura socialista son reos de alta traición. La menor intención de modificar el sistema, ha advertido ominosamente Castro, costará un millón de muertos.

El lema expresa el cambio hacia una situación sin salida. El «cómo» se le va a derribar, puede abrir o disminuir esas pavorosas posibilidades.

Algunos rasgos de la Cuba de actual

Sobre esas terribles variaciones del «cómo» va a caer Castro y de cuán amplia puede ser la tragedia, podemos especular, pero es poco lo que podemos asegurar o influir. Aquí cabe aquella advertencia de Esquilo: «El futuro yace en el regazo de los dioses». Pero su mero repaso sí nos permite asentar una primera y sombría conclusión: todas las agujas del compás cubano apuntan trémulas hacia un porvenir preñado de dolores. Contrario a lo que parecen sentir algunos exiliados, que hablan de la liberación de Cuba como algo festivo, y de la recuperación nacional como de una fácil jornada, nada en el futuro de Cuba luce fácil o analgésico. Aquella vieja creencia de que Cuba era una «isla de corcho» capaz de flotar sobre toda adversidad, ha sido hundida por una circunstancia histórica brutal. El futuro del pueblo cubano está velado por mantos de sudor y de sangre.

Para penetrar algunas de las sombras del futuro, y precisamente porque todo exilio se forja una imagen de la patria lejana que responde más a su añoranza que a la objetividad, resulta conveniente esbozar algunos rasgos de la Cuba de hoy que permiten barruntar su evolución futura. La historia ni salta en el vacío ni altera su trayectoria más allá de las márgenes de lo posible. Todo cambio social está limitado por la estructura de lo cambiable. De ahí que sólo vislumbrando lo que es hoy latente, se pueda brujulear lo que será mañana patente.

El más somero estudio del futuro de Cuba, tiene que tomar en cuenta por lo menos cinco factores radicales: el cambio en la población, el deterioro ético de la sociedad, el porvenir económico, el factor racial y las bases del poder castrista.

El cambio en la población y el muro invisible

En 1960, la población de Cuba bordeaba los seis millones, y se estimaba que un 30% de los habitantes pertenecían a la «gente de color». Hoy el número de habitantes roza los doce millones, y el por ciento de cubanos no blancos ha subido a casi un 50%. Las cifras parecen apuntar otro dato de soberana importancia: el 60% de los cubanos actuales tiene menos de cuarenta años, es decir, el sector más vital de la población no tiene «vivencias» de una Cuba no castrista. Por otra parte, nosotros apenas si tenemos barruntos de cuales experiencias integran su visión del mundo.

Unas pocas preguntas bastan para destacar nuestra ignorancia, o al menos la mía, sobre la situación actual de la sociedad cubana. ¿Cuál es el papel de la mujer en la revolución?... ¿Hasta qué punto ha desaparecido el «machismo» del ámbito cubano?... ¿A qué tipo de sociedad y cambio aspiran las mujeres, obligadas hoy a ser simultáneamente milicianas y amas de casa, nacidas bajo la sombra del castrismo? Tema tan radical apenas si ha sido estudiado en Cuba, donde el régimen obliga a la proclamación de perfecciones, o en el exilio, donde la ausencia de ese estudio pudiera indicar, de por sí, una actitud de incomprensión o desdén al asunto.

Obviamente, los anhelos y necesidades de una población que ha duplicado su número, cambiado su color, y recibido una diferente perspectiva del pasado y del futuro de Cuba, tienen que ser radicalmente distinta de las que se podían definir en 1960, en 1970, o aún en 1980. Seguramente que en mucho difieren de las que se perciben desde la lejanía espacial y temporal del exilio.

La idea, por ejemplo, de que los cubanos siguen siendo los mismos y que todos somos hermanos, «los de allá y los de acá», es un bello concepto que tiene una alta dosis de retórica y debe ser examinada. La hermandad basada en la cubanía puede ser indiscutible, pero la identificación, en el sentido de compartir concepciones de lo que es el trabajo, la sociedad, la nación y el futuro, pueden ser bien diferentes. Los propios alemanes, quienes, tras la caída del Muro de Berlín, recién celebraron la unidad nacional, hablan ahora de superar «Die Unsichtbare Mauer» («El muro invisible») que aún separa a los occidentales y a los orientales y han creado instituciones para estudiar como aminorar el impacto del encuentro entre las dos Alemanias.

Los exiliados deberían también dedicar tiempo a aprender cómo ajustar las perspectivas para no caer en eso de «esta gente no luce cubana», o de sorprenderse con la diferente visión que tienen «los hermanos de allá».

La evidencia de esa trágica ruptura, de ese desgarramiento del tronco común, debe alertar a los exiliados sobre el tipo de recepción que pudieran recibir cuando ocurra su eventual retorno a Cuba. Para muchos cubanos de la Isla, incluso para aquellos que quieren liberarse del régimen, los exiliados son compatriotas que se fugaron al extranjero y evadieron el peso de la miseria y la represión.

Cualesquiera que sean los méritos que los exiliados crean haber ganado afuera, para los de allá el verdadero mérito estriba en haberse quedado en la trinchera a padecer las duras pruebas que impuso el sistema. Desde esa perspectiva, todo exiliado tiene un rasgo de tránsfuga. Por su parte, en muchos exiliados anida la convicción de que todo el que se quedó ha sido, en alguna forma, cómplice del régimen.

De ahí que insista en la enérgica dosis de generosidad mutua y comprensión colectiva que pudiera generar el proyecto de la reconciliación nacional.

El factor racial

La trascendencia para el futuro de Cuba del cambio racial experimentado por la población merece especial atención. Comencemos por señalar dos casi verdades del proceso social cubano: en Cuba la discriminación racial no tuvo nunca el filo feroz que desplegó en Norteamérica, ni la desdeñosa actitud que abrumó al indio en algunos países latinoamericanos. Las relaciones sexuales entre blancos y negras (raramente a la inversa), mezclaron las razas y moderaron las fricciones. Todavía más, en las décadas de los cuarenta y los cincuenta, la sociedad cubana se había comenzado a «abrir» hacia una conciencia de mayor aceptación de la igualdad racial.[56]

Ahora bien, una discriminación racial juzgada, mayormente por los que discriminan, como benevolente y flexible, no deja de ser discriminación. Y la «apertura» interna de la sociedad cubana en los cincuenta fue interrumpida por el aluvión castrista. Obviamente, los logros y fallas de la Revolución en el campo racial y los anhelos de esos compatriotas, son factores determinantes en la proyección de una Cuba futura. Pero la superación de la discriminación racial no es fácil.

Como en toda sociedad, el problema racial en Cuba tenía raíces históricas, psicológicas y sociales. Limitémonos a la esencialidad de unos rasgos. A lo largo de casi todo el siglo XIX, la esclavitud y el miedo a la «africanización» fueron hilos trasmisores de muchas tensiones y actitudes sociales. En 1820 Varela tocó el tema, los anexionistas nacieron de él, y en 1895, al iniciar la guerra, Martí aún predicó apasionadamente contra la discriminación racial.

---

[56] Para un serio examen del progreso de la población de color cubana en esa época, véase el Capítulo IV del Segundo volumen de la magnífica obra de Jorge e Isabel Castellanos, *Cultura Afrocubana* (Ediciones Universal: Miami; 1990). *op. cit.* La obra completa es indispensable lectura para quien quiera conocer y comprender a Cuba.

La abolición de la esclavitud, que no fue definitiva hasta 1886[57], la lucha por la independencia, donde negros y blancos lucharon bravamente contra los españoles, y los negros alcanzaron altas jerarquías militares, y el inicio de la República, modificaron el balance racial y desvanecieron el temor a una «guerra de razas» estilo Haití, pero no eliminaron totalmente la discriminación. Mientras la afluencia de miles de españoles contribuía a disminuir el miedo a la «africanización», (el porcentaje de «gente de color» había bajado de un 58% en 1841 a un 29% en 1907), los ex esclavos, limitados en educación y experiencia, fueron relegados a posiciones subalternas u obligados a luchar por lo que se les debía. El trágico caso del general mambí Quintín Banderas, quien a los setenta y tres años, pobre y abandonado, se unió a la rebelión «liberal» de 1906 y fue asesinado por la Guardia Rural, es un ejemplo no típico pero sí elocuente de ese drama. La subordinación social condicionó la imagen. Las situaciones de inferioridad en que habitualmente se veía al negro, contribuyeron a crear la conciencia de que sólo para esas funciones estaba capacitado el negro. Toda una gama de dichos populares «mira que los blancos inventan», «vamos a hacer las cosas como los blancos», «el negro si no la cisca al principio la cisca al final», reforzaron la idea de la inferioridad. Las excepciones, Juan Gualberto Gómez, Martín Morúa Delgado, Generoso Campos Marquetti, que, dicho sea en honor de la naciente República, llegaron a ocupar altos cargos políticos, no alcanzaron a quebrar la visión del conjunto.[58]

Hubo otro factor que contribuyó a dificultar la integración social. Forzados a «cristianizarse», los esclavos africanos mantuvieron sus raíces religiosas, crearon un «sincretismo» espiritual en torno a sus viejas deidades, y, aprovechando los «cabildos» establecidos por España, lograron enseñarles a sus hijos la lengua, tradiciones, creencias y ritos de sus antepasados. La santería, o regla de «Ocha», la más

---

[57] Para un breve estudio del proceso, véase Enrique Pérez Cisneros, *La Abolición de la Esclavitud en Cuba* (Costa Rica, 1987).

[58] En 1891, Morúa publicó *Cosas de mi tierra: Sofía*, una novela naturalista, parte de un ciclo social inconcluso, sobre las injusticias raciales de la sociedad de su época.

elaborada de las religiones afrocubanas, y la que más influencia ha tenido en la cultura cubana, es «el fruto de una búsqueda inconsciente de identificación entre los dioses de los esclavos y los santos católicos de los amos»[59]. Amplios sectores sociales de los estratos «blancos» de la sociedad, sin embargo, rechazaron, y rechazan, tales creencias como mera superstición de los negros. Así, el dualismo religioso, tamizado por la maligna reputación de sacrificar niños blancos que adquirieron los «ñáñigos» en Cuba[60], creó otra fisura entre blancos y negros.

En 1912, la malhadada insurrección de los «Independientes de Color», limitada a la provincia de Oriente, pero reprimida duramente en muchas zonas de la Isla, contribuyó a paralizar el progreso hacia la igualdad racial y reprimió la voluntad de los negros a participar en la política. En la «revolución» de 1933, mientras Machado se jactaba de tener el apoyo de los negros, y el ABC era acusado de «racista»[61], la presencia activa de elementos de color fue bien limitada.

De 1933 a 1953, al cesar la corriente inmigratoria española, la población no blanca osciló en lento proceso ascensional de un 24 a un 27%. Luego de 1960, la súbita emigración de un millón de cubanos, casi todos blancos, y el alto índice de natalidad negra, alteraron radicalmente la balanza racial y crearon la situación actual.

El salto cuantitativo ha sido acompañado por el salto cualitativo. La campaña de Angola y el contacto con la cultura africana, la propaganda revolucionaria contra la discriminación racial, que ha tenido más de propaganda que de logros, y la marcha de la opinión mundial hacia la igualdad de las razas, le tienen que haber otorgado a la población negra y mestiza cubana un más alto sentido de su dignidad y valía. Por lo pronto, el afloramiento y expansión de la religión yoruba

---

[59] Mercedes Cros Sandoval, *La Religión Afro-Cubana* (Madrid: Plaza Mayor, 1975) p. 49.

[60] Sobre la verdadera naturaleza de los ñáñigos, véase uno de los libros clásicos de Lydia Cabrera *La Sociedad Secreta Abakuá* (Miami: Ediciones C.R.; 1970).

[61] La respuesta del ABC a esa acusación fue ejemplar: «El ABC no distingue entre cubanos con manos blancas o cubanos con manos negras. El ABC sólo pide cubanos con manos limpias». Citado en Luis Aguilar León, «Cuba 1933», *op. cit.* p. 121.

en la Isla, y fuera de la Isla, es un hecho evidente y de alta significación. La Revolución, sin embargo, ha estado lejos de cumplir las promesas sobre la igualdad racial[62]. Ya en 1965, en un libro publicado en París (*Castro et Debray contre le Marxism-Leninism*), el escritor haitiano y marxista, Antoine Petite, denunció el «racismo» de los líderes revolucionarios. Todavía en la actualidad, ni en el Politburó, ni en las altas esferas de las Fuerzas Armadas Revolucionarias, la población de color está representada en justa relación a su número y contribución.[63]

He aquí un gran desafío presente y futuro a las convicciones democráticas de los cubanos en y fuera de la Isla. Toda lucha por la libertad y la democracia en Cuba tiene que comenzar por una amplia y justa proyección, proclamada y sentida, de que la eliminación de los últimos vestigios de la discriminación racial es el paso más necesario hacia la verdadera libertad del pueblo cubano. Y no porque «generosamente» un grupo decida otorgarle al otro la igualdad, sino porque ambos lleguen a identificarse como iguales en un concepto, en una entidad superior, Cuba, que supera la africanidad o la hispanidad de todos. Un exilio que proyecte una imagen de blancos discriminadores, está, obviamente, marchando contra la justicia y contra la realidad nacional.

Esa necesaria disposición anímica individual y colectiva de justicia, elemento indispensable de la sociedad futura, nos lleva de la mano a tratar el siguiente factor: la crisis ética del pueblo cubano.

---

[62] «Este es un gobierno de blancos y para blancos», le declaró a un corresponsal del New York Times un joven negro cubano, «pero quien se atreva a decirlo cae preso como contrarrevolucionario». «Blacks say Castro fails to deliver equality»; *New York Times*; Diciembre 4 de 1990, p. A-15.

[63] Para un análisis apasionado del racismo de la Revolución, juzgado desde una posición que bordea la otra faz del racismo, ver Carlos Moore *Castro, The Blacks and Africa* (Univ. of California, 1988).

La crisis ética del pueblo cubano

Todas las noticias que llegan de Cuba, y aun las irritadas denuncias de los voceros del régimen, señalan la realidad de un profundo declinar de la ética del pueblo cubano. Entendamos aquí por ética simplemente el conjunto de valores no materiales que guían o influyen en la conducta de una colectividad.

En Cuba, lo que pudiéramos llamar la «ética burguesa-católica» que había sobrevivido, con infinitas flaquezas, durante la República y hasta 1959, fue sustituida a golpes de mando por la «ética marxista» proclamada por el Líder Máximo. Esa ética se basaba en un vago sentimiento socialista o «revolucionario», en una educación materialista, en ser y sentirse parte de proyectos nacionales que mejoraban a Cuba e impactaban al mundo.

Hasta aproximadamente 1970, el año del fracaso de la zafra de los diez millones, esa ética, ese entusiasmo por la conducta revolucionaria, se mantuvo bastante firme entre los adeptos al régimen.

A partir de ese gran fracaso, causado más por los errores del régimen que por la falta de entusiasmo del pueblo, se comienza a notar un progresivo desaliento popular y una correspondiente pérdida de confianza en los dirigentes. A medida que los esfuerzos se malograban y toda crítica o autocrítica entre los mismos fieles era aplastada por el régimen como contrarrevolucionaria, el vínculo entre el pueblo y el liderazgo de la Revolución aceleró su desintegración.

Irónicamente, fue el propio Ernesto Guevara, máximo defensor de los «incentivos morales» y del «nuevo hombre socialista», el que bien temprano advirtió los síntomas del morbo que iba a descomponer la viabilidad del Estado socialista. En 1965, en un párrafo de su famosa carta al editor del periódico uruguayo «Marcha», Guevara escribió:

«el Estado se equivoca a veces. *Cuando una de esas equivocaciones se produce, se nota una disminución del entusiasmo colectivo... y el trabajo se paraliza hasta quedar reducido a magnitudes insignificantes: es el instante de rectificar».*[64]

El «Che» asumía, o quizás aspiraba a advertirle a Castro, que, frente a evidentes errores, el Estado socialista tenía que ser capaz de rectificar. Lo que se le escapaba al guerrillero argentino era que la propia naturaleza del régimen castrista, estructurado sobre una dictadura personal e inapelable, lo hacía incapaz de rectificaciones. La infalibilidad del líder obligaba, o a negar los yerros o a culpar de los mismos a una infinita lista de subalternos y causas. Así, mientras se trituraba a ministros y funcionarios y se imputaba a ciclones, sequías, o al «bloqueo imperialista», todos los males, los costosos desatinos económicos (¿no intentó Castro una vez plantar viñedos para competir con los vinos franceses?) se multiplicaron y sobrevivieron.

Con su usual agudeza, el pueblo percibió pronto que las proclamadas «rectificaciones de errores», no eran más que pantallas para «ratificar los errores». Inevitablemente, la caída del entusiasmo colectivo, que Guevara asumía temporal y rectificable, se hizo definitiva e irreversible, hundiendo la productividad a los «niveles insignificantes» que el argentino había previsto.

La evidencia de yerros repetidos, la represión de toda advertencia o crítica, y la emergencia de una nueva clase de privilegiados que usufructuaban todas las ventajas, expandieron el proceso desintegrador. La «parálisis» mencionada por Guevara se esparció de lo material a lo moral, creando una superestructura de disimulo colectivo donde sobrevivir es la motivación primaria y la hipocresía una careta esencial. Se aprende a trabajar poco y a «lucir» que se trabaja mucho, y se sabe cómo utilizar las infinitas regulaciones del régimen para evadir responsabilidades y obtener ventaja ilícita y personal. La pasividad de una burocracia inerte y la corrupción de un «sociolismo» (como lo denuncian los voceros del régimen) irreductible, puesto que del propio régimen emana, fueron las respuestas del pueblo a un líder que no oye ni rectifica.

---

[64] Ernesto «Che» Guevara, «El Socialismo y el Hombre en Cuba, *Obra Revolucionaria* (México: Ediciones Era, 1971) p. 628.

Por su parte, la sensibilidad paranoica de Castro a toda crítica, y la defensa a ultranza de los desaciertos, que algo tiene que ver con el carácter español al que me referí antes, se ha vuelto irracional en los últimos tiempos. No hace mucho, en una entrevista concedida a la revista española «Cambio 16», un exasperado Castro culpó a la «haraganería» del pueblo cubano de los fallos económicos de «su» régimen[65]. Un poco más tarde, el Líder Máximo provocó una peligrosa crisis con el régimen español, en respuesta a una supuesta actitud crítica de un funcionario hispano.

En contraste con tal escapismo irresponsable, unos meses antes, en un número del «Caimán Barbudo» dedicado a los problemas de la juventud, a una estudiante cubana se le permitió expresar una crítica que evidencia las consecuencias de esa fatal tozudez: «Debemos combatir al disimulo en que vivimos. Aquí nadie cree en lo que dicen los profesores y los profesores no creen en nada de lo que dicen. Pero todo el mundo pretende creer en el socialismo».

Bajo el peso del miedo, los fracasos públicos y la enorme mentira oficial, la «ética» revolucionaria se había disuelto en una gigantesca artimaña, en un permanente disfraz de oportunismo y corrupción, en un carnaval de carteles y caretas.

Conviene recordar que, aunque en forma infinitamente menos honda, el pueblo cubano había sufrido antes dos momentos de desaliento ético, de pérdida de confianza en su destino y en los valores que habían alentado su esfuerzo. Uno ocurrió cuando la segunda intervención norteamericana (1906-1908), la cual, precisamente porque había sido provocada por los propios gobernantes cubanos y no por ninguna voracidad del vecino norteño, alentó, sobre todo en la política, un ambiente de cinismo y ácida burla que duró hasta la década de los veinte, cuando la dictadura de Machado y el emerger de una nueva generación galvanizaron las energías nacionales.

---

[65] Véase *Cambio 16*, Madrid, junio de 1990, Número Especial, pags 87-96. «Los cubanos» afirmó Castro, «llevan 30 años trabajando cinco horas, y sin aprovechar la jornada laboral...sólo ahora empiezan a trabajar como tienen que trabajar» (p. 93).

El otro respondió a la gran desilusión que afligió a Cuba, sobre todo a la juventud, cuando la deshonestidad en el manejo de los fondos públicos del gobierno de Grau San Martín abatió las ilusiones alzadas por la «jornada gloriosa» de 1944.

El ambiente corrosivo y negador de valores nacionales que emanó de tales desalientos, y que, de paso sea dicho, dejó flotando en el ambiente un frenético apetito por nuevas ilusiones y nuevos líderes, me movió a publicar mi primer libro en Cuba.[66] A ese ensayo refiero a quien quiera ahondar un poco en ese tema.

Si esos tropiezos parciales acarrearon graves males, es fácil imaginarse lo hondo que ha calado el colapso de un régimen que en cierto momento movilizó entusiasmos en Cuba, y que lleva más de cuarenta años defraudando a sucesivas generaciones, mintiendo y obligando a mentir, corrompido y corruptor. Un gobierno que justifica todo crimen con la criminal excusa de ser el último defensor de una bandera ideológica, desgarrada en todas partes por los vientos de cambio y libertad que imperan en el mundo occidental.

Es, pues, evidente que uno de los grandes objetivos de todo proyecto sobre el futuro de Cuba ha de relacionarse con el encontrar la forma, o las formas, de devolverle al pueblo cubano una razón de ser, un resorte de entusiasmo, un sistema de valores que ayude a superar el profundo cinismo que ha de dejar tras sí el total fracaso del marxismo y la revolución. Bien certeramente apunta Ortega en su «Ocaso de las revoluciones»,[67]«En la historia, al alma revolucionaria no le sigue un alma reaccionaria sino un alma desilusionada». En 1990, confirmando tal diagnóstico, y escribiendo desde el corazón de un pueblo que luce extrañamente paralizado, Roberto Luque Escalona ha tenido el coraje de sentar este amargo juicio, «Si quebrantar el espíritu de un pueblo

---

[66] Véase «Pasado y Ambiente en el Proceso Cubano» (1958), reproducido en *Cuba: Conciencia y Revolución* (Miami: Ediciones Universal, 1972).

[67] José Ortega y Gasset, *Obras Completas* (Madrid: Revista de Occidente; 1962) Vol. III; pág. 220.

que siempre fue rebelde es un éxito, si someter es gobernar, no cabe duda que Fidel ha sido un gobernante exitoso».[68]

Ahora bien, si tal es el pavoroso caso, si la doblez e hipocresía a que obliga el régimen ha logrado quebrantar al espíritu del pueblo y ha llegado a convertirse en estructura anímica, si de tanto hincársela en la faz la careta ha terminado por convertirse en cara, y la máscara se ha vuelto personalidad[69], ¿dónde encontrar una reserva de valores morales que insufle ánimos en un pueblo sometido y quebrantado?, ¿dónde los ejemplos y los guías? Topamos aquí con un tema tan hondo y sensible como el supremo compromiso, o la más grave deserción, del exilio cubano.

Pero el plan de estas notas me obliga a dejar insertada aquí esa angustia para tratarla más tarde cuando hablemos de la ética del exilio. Prosigamos con un breve merodeo por el campo del azúcar y la economía.

El azúcar, la economía y el Estado

No es este el momento, ni soy yo la voz adecuada para ello, de enfrascarse en estadísticas y cifras para mostrar la crítica circunstancia económica de Cuba y los remedios de futuro que se consideran aplicables. Es bueno advertir, sin embargo, que, al momento en que estas líneas se escriben, parece haber un consenso entre los analistas de que la situación de Cuba está comenzando a bordear la desesperación. Pero el régimen no ha agotado sus recursos. Cuba todavía puede comerciar con Rusia, hacer un esfuerzo ingente por atraer inversiones y turismo, y apretar aun más los resortes de la «austeridad» pública.

Juzgando a largo plazo, y soslayando el considerar las riesgosas alternativas del momento actual, me voy a limitar a expresar una grave preocupación por las perspectivas del futuro económico de Cuba. No puedo evitar, sin embargo, incurrir en una escapada hacia nuestra

---

[68] Véase el magnífico testimonio de Roberto Luque Escalona, en *Fidel: El juicio de la Historia*, (México: Editorial Dante, 1990).

[69] Precisa y significativamente, la palabra «persona» viene del griego «prosopon», que era el nombre de las máscaras que usaban los actores en el teatro heleno.

tradición literaria. Y es que el proceso de nuestra economía le ha dado un sesgo irónico a aquel famoso «contrapunteo» entre el tabaco y el azúcar, sobre el cual tejió Fernando Ortiz tan ingeniosas divagaciones. «Así en lo interno como en lo externo», escribió don Fernando, «estudiar la historia de Cuba es en lo fundamental estudiar la historia del azúcar y del tabaco como los sistemas viscerales de su economía».[70] Poco se imaginaba el maestro que unas décadas más tarde esos sistemas «viscerales» de nuestra economía iban a topar con formidables rechazos internacionales que han roto el fácil paso de su contrapunteo: el tabaco da cáncer y el azúcar engorda. Ya en 1945 el sociólogo brasileño Gilberto Freyre había anunciado, un tanto socarronamente, que «los países productores de postres tienen un precario futuro».

Anotado lo cual, y consciente de que la economía me es campo foráneo (por eso anuncié que iba a «merodear» en él), reduzco mi comentario a dos aspectos que me lucen críticos en nuestro futuro económico. Uno es el nada halagüeño prospecto del azúcar de caña en los mercados mundiales; el otro, la magna tarea que implica el orientar y estimular a la población cubana para que se deslice exitosamente de la mentalidad socialista hacia los méritos y riesgos de la libre empresa.

El porvenir del azúcar de caña, savia histórica de nuestro pueblo, condena y salvación de nuestro destino, espuela y freno del desarrollo de Cuba, luce hoy gravemente frágil en la arena internacional. Los estudios más recientes de la economía cubana que conozco, los de, entre otros, Antonio Jorge, Jorge Pérez-Lobo, Sergio Roca, Felipe Pazos, Roger Betancourt, Rolando H. Castañeda y otros, más una respetable cuota de analistas extranjeros que me empeño en descifrar, coinciden en señalar dos realidades sombrías. Primero, que, desafiados por el azúcar de remolacha y de maíz, y por eficientes sustituciones químicas, los precios del azúcar de caña sufren, desde hace décadas, una tendencia a la baja. Segundo, que el rendimiento de la infraestructura productiva de Cuba, formada por ciento cuarenta y nueve centrales

[70] Fernando Ortiz, *Contrapunteo cubano del tabaco y el azúcar*, (Habana: Consejo Nacional de Cultura 1963) p. 3.

azucareros, la mayor parte de los cuales son viejos y obsoletos, se ha ido quedando detrás de la de otros países productores.

Es urgente, por tanto, que se estructuren planes serios para encontrar nuevas fuerzas de producción, y que esos planes se orienten a la realización de un viejo sueño cubano, que asume hoy caracteres urgentes: la eliminación, o disminución, de la vieja dependencia de la Isla en un producto declinante como el azúcar. Punto esencial me parece el proyectar los métodos con los cuales se va a diversificar, o a sustituir, una estructura agrícola aherrojada por los cien monstruos prehistóricos que alzan sus viejas chimeneas en los campos de Cuba.

Si esos estudios existen, o están en proceso de completarse, sugeriría entonces que se organizaran *simposiums* o diálogos, para que los economistas nos explicaran cómo ha de llevarse a cabo el proceso, y qué deben hacer, o comprender, los ciudadanos de allá y de acá, para contribuir a que en Cuba florezca una democracia dinámica, renovada en la libertad y en el impulso económico.

La explicación es más que necesaria, porque la reconstrucción económica de Cuba va a ser tarea de todos. Y porque a un pueblo educado bajo normas socialistas, desalentado y escéptico, cuyo colapso ético apunté anteriormente, hay que ofrecerle objetivos económicos claros, que lo convenzan de las ventajas de la libre empresa y de los beneficios que ha de alcanzar con ella. Igual que en el terreno político, la crisis cubana exige planteamientos lúcidos y realistas en el campo económico. Asegurar que Cuba va a ser la Taiwán de la América Latina es fácil. Demostrar *cómo* se puede llegar a ser Taiwán es harto más difícil, pero muchos más esencial.

En 1946, frente a una industria devastada por la guerra, los arruinados industriales alemanes le explicaron pacientemente a los obreros los sacrificios *mutuos*, que iban a ser necesarios para erguir de nuevo la economía de Alemania y para alzar el nivel de vida de los trabajadores. «Zeit und zuversicht», «Tiempo y confianza» («zuversicht» significa, simultáneamente, tener confianza en las promesas y en las propias fuerzas) fue la petición de los capitanes de industria alemanes. Tiempo y confianza le fueron concedidos. Todos sabemos cuál fue el magnífico resultado.

No veo por qué esa noble divisa, si noblemente se hace, es decir, si la hacen verdaderos hombres de empresa y no de presa, no ha de obtener la misma generosa respuesta en Cuba. Acaso sea conveniente planear el sembrar a la Isla de escuelas donde se eduque a toda la población, dirigentes y dirigidos, a cómo pasar de ser proletarios y capitalistas, enfrentados en perenne lucha de clases, a ser obreros y empresarios, aunados en una causa de beneficio común.

Ahora bien, como en todos los otros niveles, toda proyección sobre el futuro económico de Cuba tiene que partir de una valoración realista de la situación. Y la primera evidencia que salta de la realidad contemporánea es que salirse del subdesarrollo es tarea ardua, escabrosa y compleja. A los doscientos años de haberse iniciado la revolución industrial, apenas si un diez por ciento de las naciones de la tierra pueden considerarse como desarrolladas. Desde la década de los cincuenta, sólo cuatro países del Tercer Mundo han logrado erguirse al Primero: Singapur, Corea del Sur, Taiwán y Hong Kong, hoy conocidas como los Tigres de Asia.

En la propia América Latina, a la década de los ochenta se la denomina ahora «la década perdida»; una década de caída de ingresos y creciente desempleo. Aun Brasil, que figuró efímeramente entre los «milagros económicos» de la época, y la Argentina, que parece tener todas las virtudes menos la virtud de saber utilizarlas, están viviendo duros períodos de reestructuración económica.

Me atrevo a sugerir, sin embargo, que la vía más posible y eficiente de iniciar la esforzada jornada de futuro puede ser el permitir que en Cuba funcione una verdadera economía de mercado libre que reduzca la intervención del Estado a sus funciones más esenciales. Es preciso liberar la capacidad creadora y comercial del pueblo cubano. Aun bajo la asfixia del Estado socialista, cuando en 1980 el gobierno aflojó levemente su control económico y permitió la venta de casas y los mercados libres campesinos, la producción aumentó tan notablemente que en 1986, con el pretexto de que se estaba creando una nueva burguesía, y temeroso de que la mejora económica alentara la voluntad de reformas, Fidel Castró ahogó el experimento.

En Cuba, la economía del mercado libre nunca ha funcionado plenamente. La Constitución de 1940 era prolijamente estatista. Y la famosa «cuota azucarera» norteamericana aseguraba y alentaba a una cierta flojedad económica. Muchos «colonos» cubanos, por ejemplo, eran rentistas asegurados por las leyes y liberados de la dinámica de la competencia.

Luego llegó Castro y, gracias al enorme subsidio de la Unión Soviética, expandió la intervención del Estado en todos los aspectos de la vida nacional. Apenas el subsidio soviético comenzó a declinar, el Estado parasitario cubano entró en crisis. Vacío de iniciativas internas y aherrojado por su propia estructura, el régimen castrista no puede ahora improvisar soluciones.

Es hora de ensayar nuevas formas y abrir cauce a las energías de un pueblo ágil e inteligente como el cubano. El nuevo Estado debe limitar su intervención a mejorar el nivel de salud y educación del pueblo, invirtiendo todos los recursos posibles en el futuro de la nación. Debe crear y cuidar de la infraestructura de comunicaciones y proveer a los más necesitados con el mejor margen de posibilidades. Pero, en la esfera económica, debe liberar la competencia y evadir todo tipo de subsidio, protección o privilegio a grupos o individuos.

Acaso así, espoleados por las demandas del mercado internacional, los más dinámicos grupos cubanos se muevan en y fuera del ámbito azucarero, hacia la gestación de productos que tienen demanda en esos mercados. Chile, por citar un caso, ha logrado casi copar el mercado norteamericano de frutas. Con mejor situación geográfica, Cuba pudiera tratar de hacer lo mismo con productos agrícolas o ensamblaje de equipos técnicos.

Consciente estoy de que todo ese planeamiento está envuelto por tormentosas nubes y por el tremendo círculo vicioso que encierra toda iniciativa económica cuando se ha derrumbado un sistema político totalitario. Sin estabilidad política, las reformas no funcionan, y sin reformas funcionales que ofrezcan trabajo o esperanza a la mayoría de la población, es difícil lograr la indispensable estabilidad política.

Basta enunciar una pregunta para provocar estremecimientos en los más sesudos planificadores: ¿qué se debe hacer con la propiedad privada en Cuba? Devolver casas y tierras a sus antiguos propietarios es crear un caos social de metafísica magnitud; negarles su derecho implica convalidar lo hecho por el gobierno socialista y barrer con uno de los pilares de la democracia.

Y conste que ese es uno de los aspectos menos espinosos del problema. A fin de cuentas, frente a él es posible proponer soluciones intermedias: el Estado le podría otorgar título de propiedad a todos los campesinos que han estado trabajando las tierras y a todos los inquilinos de los inmuebles urbanos. Simultáneamente se le reconocería el derecho de los antiguos propietarios a recibir bonos del Estado y compensaciones por las pérdidas sufridas.

Pero ¿qué se puede hacer con las empresas, con los centrales quebrados, con las fábricas sin mercado, con las factorías que sobreviven con subsidios del Estado? ¿Qué se le puede ofrecer a los obreros de esas empresas y a los antiguos propietarios de las mismas?

Es aquí donde los serios estudios a que se han dedicado algunos grupos cubanos en el exilio, como los de la Sociedad Económica de Amigos del País y The Association for the Study of the Cuban Economy, los cuales están analizando meticulosamente los problemas de cambio en los países de la Europa del Este, pueden servir de máxima ayuda a los gobernantes del futuro.

De todas formas, y ejecutando una verónica dialéctica a la que me autoriza mi supina ignorancia económica, dejo aquí, trémulas y llamativas, las banderillas que he clavado en el lomo del formidable problema, para tratar las bases del poder castrista.

Las bases del poder Castrista

La población cubana, negra, mulata y blanca, azotada por creciente limitaciones económicas, ha vivido décadas bajo una dictadura personal disfrazada de socialista. ¿En qué se apoya esa larga tiranía que cubre *más de un tercio de la historia republicana de Cuba?* A mi juicio, la respuesta a tal pregunta es esencial para vislumbrar el futuro. Ahora bien, como no cabe aquí un análisis del proceso histórico que llevó a Fidel Castro al poder, aunque sí siempre cabe el aventar esa tesis evasiva que responsabiliza a Kruschev o a Kennedy por el triunfo de Fidel Castro y deja a los cubanos limpios de culpa y de crítica, me voy a limitar a señalar tres sentimientos colectivos que, más allá del famoso «carisma» de Fidel, ayudan a entender la base del poder y de la supervivencia de la dictadura.

Uno es una difusa confianza, que aún parece sobrevivir en una declinante minoría, en que Fidel, el gran líder, el hombre que puso a Cuba en el mapa, el creador del mundo en que viven, aún le quedan artimañas para salir de la apretada circunstancia en que se encuentra. El patriarca, el abuelo enloquecido, inspira todavía una cierta fe en su famosa y tradicional capacidad política. Un pueblo no se priva, o es privado, de su libre albedrío por tantos años sin que se le intoxique el alma con una cuota de servilismo. Recordemos que en 1945, invadida y desecha por cuatro ejércitos enemigos, aún había alemanes que confiaban en el Führer. Y que en la Rusia actual hay todavía grupos que defienden y añoran a Stalin.

La segunda es el miedo a la represión. Cuba es una sociedad controlada y vigilada por barrios, susurros y castigos. Todos los ciudadanos saben el precio que se paga por la crítica o la disensión. El horror de las cárceles castristas donde, como ya ha sido documentado, se utiliza la tortura física y la psicológica[71] es ya de público dominio. El fusilamiento del General Arnaldo Ochoa en 1989 fue el más espectacular, pero no el único, recordatorio de que el régimen no vacila en eliminar a quien le inspire la más leve sospecha. Las «turbas armadas» y los «actos de repudio», donde se golpea y veja a los «enemigos de la revolución», como se hizo recientemente con la poeta María Elena Cruz Varela, son una perenne amenaza que se cierne sobre todos los disidentes. De ahí que, como en todo gobierno totalitario, sea sumamente difícil el medir la intensidad y extensión de la oposición interna a Castro.

---

[71] En marzo de 1992, la Comisión de Derechos Humanos de la ONU ratificó en Ginebra su preocupación por la violación de los derechos humanos en Cuba e instó al gobierno de Castro a que permitiera la visita a la Isla del Relator Oficial de la Institución. Para la tortura psicológica, Armando Lago y Charles Brown *The Politics of Psychiatry in Revolutonar Cuba* (New Brunswick: Transaction Publisher; 1991).

La tercera es el miedo al cambio y la ausencia de alternativas. Los acomodados al sistema, los que tienen una cierta cuota de seguridad, los que han recibido beneficios del régimen, los que temen que la caída de Fidel provoque un caos que los deje a merced de los Estados Unidos y de un exilio vengativo y rapaz, temas explotados hábilmente por la propaganda oficial, no van a mover un dedo para acelerar un derrumbamiento que les luce catastrófico. Para muchos cubanos, la gran tragedia está en no ver alternativas a la desesperante situación en que se encuentran.

Ese miedo al cambio, que aún hoy paraliza y entorpece a los reformadores rusos, tiene que ser necesariamente más agudo dentro de las Fuerzas Armadas. ¿Qué pueden esperar del futuro los miles de oficiales y soldados que se encuentran hoy encerrados en la Isla, sin campañas bélicas en el extranjero en donde ganar ascensos y privilegios? ¿Cuánto tiempo han de tolerar un perpetuo montar guardia contra un ataque imperialista que no llega? El régimen no sabe qué hacer con ellos, pero tampoco ellos saben qué hacer con un régimen caduco y pobre pero que, al menos, les garantiza una temporal supervivencia. A ese dilema, acaso el Nudo Gordiano de la cuestión cubana, le dedicaremos un poco más de tiempo en próximos párrafos.

Un mínimum de confianza y un máximum de miedo forman dos de los sostenes del régimen, las Fuerzas Armadas constituyen el tercer pilar del trípode en que se apoya el Estado castrista. Los tres, desde luego, están sometidos a enormes y debilitantes influencias. La acumulación de tensiones internacionales, el progresivo deterioro de la economía y la creciente ausencia de las más elementales necesidades, comida, transporte, habitación, higiene, han llevado el descontento popular a un nivel que no le permite al régimen la más leve relajación de su control.

Castro sabe que abrir la más pequeña válvula a la protesta puede provocar la ruptura del dique opresor. De ahí su cerrazón a las reformas. El Cuarto Congreso del Partido Comunista, celebrado en 1991, cuya convocatoria despertó esperanzas en algunos sectores de la juventud de la Isla, que aspiraban a que se discutieran los más urgentes y asfixiantes problemas que los abruman, resultó, como era de esperarse, en una mecánica repetición de los viejos temas del régimen. Siguiendo la norma inflexible de Castro, es muy dudoso que el Máximo Líder se abra a un verdadero proceso de cambio o rectificación que amenace su poder absoluto. Ni aun las repetidas exhortaciones de los presidentes latinoamericanos han hecho mella en la postura despótica de Fidel. Es bien sintomático que, aprovechando la escasez de papel que sufre Cuba, el gobierno de Castro comenzó por suprimir o limitar las publicaciones que, como «El Caimán Barbudo» y «Juventud Rebelde», mostraban un hálito de sensibilidad hacia las inquietudes juveniles.

La mencionada trilogía de poder ayuda a entender también la vulnerabilidad del régimen. Para examinar cómo se puede contribuir desde afuera a acelerar la ruptura de esas barreras de oprobio, es preciso primero examinar las fuerzas internas que presionan por cambios. Después veremos qué posibilidades pudiera tener el exilio de influenciar en ese proceso.

Los factores de cambio interno

Los factores que hemos examinado a vuelo de pájaro, la transformación racial, la crisis ética, la situación económica y las bases del poder castrista, obligan a especular sobre los factores de cambio que pueden estar operando en Cuba.

Lo primero que hay que señalar es lo obvio. Diferente de lo que ocurría en Polonia, en Checoeslovaquia, o en Nicaragua, en Cuba no existe una oposición definida y definible. Hay grupos heroicos que luchan por los derechos humanos, por la apertura del régimen, o por un sueño de libertad. Pero no hay sectores sociales identificables que permitan asentar el juicio sobre su papel y su futuro.

Esa inercia desesperada, que es como yo definiría la situación en Cuba, puede ser alterada por una multiplicidad de factores que van desde lo que ocurra en Rusia hasta el grado de deterioro en que prosiga la economía cubana. Como resultado, el proceso de cambio en Cuba experimentará aceleramiento o retraso, de acuerdo al impacto de tales factores. Una súbita, y muy improbable, alza en los precios del azúcar, por ejemplo, pudiera otorgarle al régimen un poco más de oxígeno. Por otra parte, un mayor declive en la situación económica mundial o la evidente marcha hacia el capitalismo de Rusia, urgida de obtener moneda fuerte, forzarían a Castro a cerrar aun más la «opción cero» que le ha impuesto al pueblo cubano, elevando la posibilidad de una explosión de protesta popular.

De todas formas, conviene destacar un aspecto histórico del caso cubano que no ha merecido adecuada atención.

Nacionalismo y Soberanía

En la Europa del Este, cuya comparación con el proceso cubano se puso de moda hace unos meses, existía un factor detonante que tiene en Cuba diferente signo: el nacionalismo.

En Polonia, en Rumania, en Checoslovaquia, se podía contar siempre conque el nacionalismo de esos pueblos, tradicionalmente orientado contra Rusia, sirviera de fuente a la resistencia a la Unión Soviética. Apenas las fallas ineludibles del sistema comunista, impuesto en esos países por las tropas rusas, se hicieron visibles, y el centro opresor de Moscú, envuelto en sus propios abismales problemas, relajó su tradicional control, las masas nacionales enfocaron sus reformas contra el enemigo común y barrieron con el sistema comunista. Las dictaduras marxistas eran doblemente odiadas, por su intrínseca brutalidad e incapacidad para mejorar el nivel de vida, y porque eran un símbolo de la opresión rusa.

En Cuba, el sentimiento nacionalista ha estado tradicionalmente orientado contra los Estados Unidos, cuya presencia en la Isla ha sido siempre conflictiva. Cualquiera que sea el nivel de antiamericanismo que late en Cuba, y tiendo a creer que es muy bajo, ese sentimiento o, si se quiere, esa dosis de desconfianza, sigue apuntando hacia Washington, no hacia Moscú. De ahí que, a diferencia de lo ocurrido en la Europa del Este, y considerando el nivel actual de las relaciones ruso-cubanas, sea absurdo imaginar hoy una rebelión nacionalista incitada por un deseo de «liberar» a la Isla de la «tiranía» rusa.

Esa corriente nacionalista, cuya profundidad es difícil de sondear, ha sido exacerbada a su favor por Castro, quien mantiene el fantasma de la agresión militar de los Estados Unidos a Cuba como un factor aglutinante del pueblo. De todas formas, su presencia obliga a considerar pausadamente el grado de ayuda o participación que se le reserve a los Estados Unidos en el futuro de Cuba. El retorno a la libre empresa y la indudable ventaja de la cercanía del enorme mercado norteamericano no pueden llevarnos a que se confunda nuestro amor y necesidad de este gran país con una voluntad de retrotraer a Cuba la época de Sumner Welles o de Caffery.

Por otra parte, resulta indispensable proponerse cambiar el signo del nacionalismo cubano, del frenético agredir a otros pueblos, de la mentalidad numantina de defender a la Isla contra el universo, a la verdadera solidaridad internacional que reina en el mundo hoy. Cuba ha de abrirse a la época, integrarse al Continente y luchar por la prosperidad de su pueblo y de otros pueblos. La era de las guerrillas y las cruzadas internacionales, que regó sangre cubana por toda la tierra, debe terminar al caer el castrismo. Cuba puede y debe ser, como lo planearon los fundadores de nuestra nacionalidad, la isla de los brazos abiertos.

Frente a ese objetivo de paz y nacionalismo fecundo, hay todavía individuos y grupos que, en una oblicua defensa del régimen socialista, yerguen un nacionalismo anacrónico y feroz que comienza por argüir que toda futura concesión comercial a empresas norteamericanas o extranjeras es un retorno a la «república mediatizada» de la era pre-Castro y una traición a la «soberanía nacional» lograda por la Revolución.

Esa postura comienza por desconocer lo mucho que se «desmediatizó» la República de 1934 a 1959, cuando, después de abolida la Enmienda Platt, se inició un proceso de recuperación económica, expansión del dominio cubano sobre la tierra y el azúcar, y una creciente defensa de la soberanía nacional. Peor aun, asume que, como afirma el régimen castrista, la nación es hoy plenamente soberana y dueña de su destino.

Lo cierto es que para mantener la fachada de la «soberanía» el gobierno castrista endeudó a Cuba mucho más gravemente que ningún previo gobierno, y que las alabanzas y el sometimiento a la Unión Soviética, incluyendo la vergonzosa declaración de amor a Moscú que se insertó en la Constitución Socialista, no tienen paralelo con la actitud anterior hacia los Estados Unidos. Recordemos que sólo cuando la Unión Soviética decidió abandonarlo Fidel Castro inició su actual retirada de la «solidaridad socialista» a la oportunista defensa de la soberanía nacional.

En la historia del mundo Cuba ha sido la única colonia que alza protesta contra el imperio que la domina no por voluntad de liberación sino porque el imperio desea liberarla. Fue Castro el que tronó contra el «glassnot» y la «perestroika», fue él quien, como un viejo «cipayo», le rogó al imperio soviético que mantuviera sus tropas en Cuba.

Por otro lado, la «soberanía» castrista está integrada a un proceso histórico que aún no ha concluido y que se sigue deteriorando. En su desesperación por encontrar recursos, el gobierno socialista le ha hecho concesiones a los inversionistas extranjeros que rebajan a límites increíbles la soberanía nacional.

Como señalé antes, al hablar de los otros «logros» del castrismo, la educación y la salud pública, resulta absurdo desvincular a esa falsa «soberanía» del desastre que se cierne sobre la Isla. Para salvar ese fementido éxito, Castro repite que es preferible hundir a Cuba antes que perderlo. ¿Y qué distorsionada idea de la soberanía de un pueblo es esa que plantea la monstruosa posibilidad de aniquilar al propio pueblo que la sustenta? ¿Es esa concepción anacrónica y suicida la que se quiere preservar?

La soberanía de un Estado está hoy condicionada por las circunstancias internacionales que vive el mundo. Los japoneses compran compañías norteamericanas y dependen del petróleo árabe; Alemania y Francia se integran como alíados en el Mercado Común Europeo; la América Latina hace esfuerzos por formar un bloque regional, Si nos atenemos al concepto de la soberanía esbozado en el siglo XVI por Jean Bodin, todos esos esfuerzos implican una merma de la soberanía de esos pueblos. Pero no estamos en el siglo XVI. Todos esos pueblos ganan en progreso económico lo que pierden en vagas nociones de soberanía.

No hace mucho, en una conferencia de prensa, el presidente de México dio una aleccionadora respuesta a la pregunta de si la creciente integración económica de México con los Estados Unidos no representaba un rebajamiento de la soberanía del país. «Ya los mexicanos hemos aprendido», respondió Salinas, «a no confundir los términos. Nosotros seguimos siendo soberanos, pero la soberanía no se defiende perpetuando la miseria».

La Cuba del futuro debe recordar esa enseñanza. La soberanía nacional, el inalienable derecho a que las decisiones internas de un gobierno no sean dictadas por ningún gobierno extranjero es meta justa y alcanzable. Pero en nombre de esa soberanía no se pueden violar a mansalva los derechos humanos, aniquilar a un pueblo y perpetuar la miseria.

Las condiciones y factores anteriormente citados, explican, al menos parcialmente, por qué en Cuba no ha surgido un movimiento como «Solidaridad», ni se han galvanizado grupos para rescatar la soberanía de una presencia rusa que se esfuma.

Tampoco ha sido, hasta ahora, la Iglesia Católica capaz de realmente brindar un refugio y una postura que permita aglutinar el fervor religioso y el descontento de las masas. Débil antes de Castro, y más debilitada aún por la represión religiosa del régimen, y por la inicial conducta vacilante cuando no sumisa (sobre todo bajo la influencia de monseñor Cesare Zachi) del Vaticano frente a la Revolución, la Iglesia ha vivido sobreviviendo en Cuba. Es posible que una renovación de la fe popular, como la demostrada por el peregrinaje de la Virgen de la Caridad del Cobre, y una dirección más firme por parte del Vaticano, le permitan a la Iglesia erguir y ampliar su influencia, pero, por el momento, el movimiento católico es sólo una potencialidad.

Por su parte, el régimen ha desplegado recientemente una muy tenue voluntad de apertura a los católicos, y un significativo acercamiento y tolerancia hacia las organizaciones yorubas, cuya posición hacia Castro es harto difícil de valorar. Pero la necesidad del gobierno de imponer medidas draconianas para afirmar su poder en el llamado «Período Especial en Tiempo de Paz», no auguran buen futuro a tales concesiones.

Hoy, a mediados del 2003, la oposición en Cuba se presente intensa y general, pero no se puede hablar de un frente más o menos visible, de una reserva social catalogable, que se oponga a una dictadura que ha eliminado sistemáticamente toda posibilidad de alternativa. La visita del Papa Juan Pablo II a Cuba en enero de 1998 marcó un súbito despliegue de esperanzas cuando proclamó que «Cuba se abra al mundo y el mundo se abra a Cuba». Cuba se cerró al mundo.

Lo cual nos vuelve al único factor que, por su poder y organización, tiene al menos el potencial de alterar la situación: la Fuerzas Armadas.

El cambio y las Fuerzas Armadas

La situación de las Fuerzas Armadas cubanas nos sitúa frente a un elemento simultáneamente obvio y enigmático. Obvio porque son ellas el más visible elemento de cambio, enigmático porque no sabemos, o al menos yo no sé, cuáles son sus tensiones, o sus intenciones, internas.

Es posible asumir, sin embargo, que la moral de un ejército desgastado en campañas sangrientas e inútiles como las de África, confinado en la isla, vigilado estrechamente por el régimen, reducido en número y obligado inclusive a cultivar hortalizas en los cuarteles para aliviar la escasez de comida, tiene que haber sufrido un grave descenso[72].

Esa desmoralización interna puede arrojar un grave resultado que en un momento de crisis, con Fidel o sin Fidel, las órdenes no se cumplan, la entidad aparentemente monolítica se derrumbe y surjan diversos centros que pretendan imponer sus respectivos controles. La consecuente «Libanización» de Cuba abriría un trágico campo de violencia y sangre con consecuencias imprevisibles.

La posibilidad de una intervención de las Fuerzas Armadas contra el régimen, descontando el imponderable del atentado personal, se puede visualizar como altamente probable si coinciden dos corrientes sociales de alto voltaje: que el descontento popular suba a niveles tan

---

[72] El grado de vigilancia y corrupción a que están sometidas las Fuerzas Armadas Cubanas, puede medirse en el testimonio del General Rafael del Pino, quien escapó de la isla en 1987, *Proa a la Libertad* (México: Editorial Planeta; 1990).

altos que obligue a un continuo uso del aparato represivo, y que, simultáneamente, los militares lleguen a una doble conclusión: que la represión es inútil porque el régimen no tiene salida, pero que ellos sí la tienen.

Tal encrucijada ya de por sí señala hacia donde debe orientarse la propaganda y la acción del exilio y de todos los que quieran evitar un estallido de sangre en Cuba. Es preciso tratar por todos los medios de alentar y ofrecer seguridades a los miembros de las Fuerzas Armadas de que la salvación de Cuba depende de ellos, y que el derrocamiento de Castro no va a implicar ninguna acción punitiva contra los que se muevan por obvias razones patrióticas.

La ética de la lucha contra la dictadura de Castro, y la trágica experiencia del Continente con la intervención política de los ejércitos, requiere el enfatizar que si es cierto que toda posibilidad de cambio interno va a ser apoyada desde afuera, el perenne objetivo del esfuerzo contra Castro es la libertad y la democracia. Y que, por tanto, el golpe militar, el tanquetazo, o la acción de las Fuerzas Armadas recibirá el apoyo definitivo del exilio y de sus aliados, *siempre y cuando se demuestre la voluntad de que esa intervención sea transitoria y dirigida a una plena recuperación de la libertad popular.*

Tal potencialidad de estímulo y aliento externo a los factores de cambio interno, nos lleva a ocuparnos del exilio y sus posibilidades.

El Exilio y el Futuro de Cuba

El exilio cubano integra una zona humana que, por estarnos más cerca, y estar menos sometida a los tremendos avatares de la tragedia en la Isla, permite asentar un poco más firmemente la brújula que señala su porvenir. Lo cual obliga, de inmediato, a formular una pregunta radical: ¿qué papel, si alguno, puede jugar el exilio cubano en el futuro de Cuba?

Comencemos por examinar las pétreas pupilas de la historia. Pocos grupos exiliados, acaso el de los Borbones en Francia sea un debatible ejemplo, han tenido «per se», como grupo, una influencia determinante en el devenir de los pueblos. Recalquemos la palabra clave de esa afirmación, «determinante». Individual y colectivamente todo exilio, o algunos exiliados, pueden ejercer influencia, (en muchos casos, el mero hecho de que unos grupos abandonen una nación altera levemente la situación de un pueblo), pero esa influencia, está obligada a volcarse sobre la corriente humana que en la patria se ha quedado y, por tanto, no puede desviar sustancialmente el cauce de esa corriente nacional.

Tradicionalmente, el exilio cubano de Varela a Martí, fue precisamente eso, una intención de ayudar, de insertarse en la corriente cubana para proporcionar ayuda material, cuando ello era posible, y, sobre todo, el proporcionar una orientación ética, una ejemplaridad que pudiera servir de guía a los que, envueltos en la cotidiana lucha en la Isla, tenían menos tiempo para reflexionar sobre el futuro del país.

Esa valoración de la ejemplaridad y la reflexión que permite la ausencia de la patria, fue la que me llevó a apuntar antes que frente al desastre moral que está ocurriendo en Cuba, el exilio pudiera enfrentarse a su mayor compromiso o a su mayor deserción histórica.

Ese tema fundamental de ética y ejemplaridad en el exilio, intrínsecamente relacionada con la angustia que mencioné cuando trataba del colapso ético del pueblo cubano y de la posibilidad de que el carácter cubano haya sufrido una deformación existencial, que lo haya llevado del disimulo como defensa al disimulo como esencia, del aparecer sumiso a volverse sumiso, merece una breve exploración. ¿Puede el exilio cubano brindar esa reserva ética que va a ser urgente en el futuro?

Una mínima cuota de ética

No es preciso remontarse a los luminosos griegos ni a los profundos alemanes en busca de una definición de la ética. Definir es limitar, y no quiero topar con limitaciones filosóficas. Para este barrunto de análisis, basta recurrir a lo que pudiera llamarse una ética funcional, a esa mínima cuota de ética que late en todos los individuos y grupos y que les permite esbozar juicios sobre la conducta humana y, sobre todo, elegir entre varias opciones la más adecuada conducta. Todos tenemos una idea de lo que está mal hecho, de lo que no es ético en una acción. Ese tipo de noción vaga, pero firme, que mueve a un mecánico o a un profesional a no cobrar más de lo que debe, la que hace que un escritor no falsifique datos para reforzar su tesis, la que lleva a no traicionar a quien en nosotros confía, o a devolver el bolso que en la calle encontramos, es la base de mi exploración.

Esa búsqueda está aquí referida a una ética grupal, a la que suele, o debería ser, la estructura moral de un exilio y, en este caso particular, del exilio cubano. Dícese que al exilio cubano se le ha quebrado la ética que de la Isla trajo, que sus valores han declinado, que el viejo cinismo político de nuestro pueblo ha renacido aquí en forma rampante. Y bien creo que vale la pena examinar a qué se refiere una afirmación que toca tan hondo en un tema tan sensible.

Empecemos por señalar lo conocido. Exilio implica un desgarrón, un ser obligado a desarraigarse del hogar natal. Esa condición ofrece dos características que nos permiten una primera aproximación a la ética: dolor y coerción. El emigrado, por ejemplo, se va de su tierra, más o menos voluntariamente; el exiliado parte porque se le obliga, o él se obliga, a partir. Ese índice de resistencia apunta a algo más trascendente. El dolor del emigrado es un dolor individual, está concentrado en la persona concreta que deja a su país en busca de mejor fortuna. El dolor del exiliado, en cambio, es un dolor grupal, colectivo. El exiliado sabe que la circunstancia que lo oprime a él está oprimiendo a muchos compatriotas, aunque no todos puedan partir al exilio.

Ese factor de comunidad que escapa a una opresión colectiva, arroja una condición del exiliado que lo diferencia radicalmente de quien emigra. El emigrado quiere volver a su tierra en cuanto él, individualmente, mejore su situación económica; el exiliado no quiere volver a su tierra hasta que en su país no desaparezca la condición de oprobio que lo hizo partir. Ello implica que el exiliado, al menos quien se exilia contra la injusticia, está envuelto en una lucha que va más allá de su supervivencia individual. Aun cuando logre un éxito económico personal, el exiliado no está satisfecho, su objetivo fundamental es lograr que su pueblo disfrute de la libertad y la justicia que le faltaban cuando él se vio obligado a partir. De ahí el hermoso y certero poema del escocés William E. Aytoun sobre la intransferible carga de pena que todo exiliado lleva en el alma:

«They bore within their breast the grief
That fame can never heal
The deep, unutterable woe
Which none save exiles feel».[73]

He aquí, pues, que pronto el concepto exilio entra en contacto con una dimensión ética. El exilio supone un compromiso moral con la nación nativa, un insoslayable deber de situar las condiciones objetivas de justicia por encima del sueño subjetivo de retorno. Quien piense más en su satisfacción personal que en el nivel de superación colectiva del pueblo al cual anhela retornar, está traicionando la base ética del exilio.[74]

Esta proyección comunal del exiliado, alimentada por el dolor de la patria perdida, suele llevar a algunos exiliados, a trascender aun el marco de su problema nacional. El dolor purifica y dilata la comprensión hacia otros seres humanos. Quien sufre comprende mejor a los que sufren. Los exiliados, o, al menos, los más nobles de entre ellos, tienden a abrirse generosamente al dolor de otros grupos humanos que sufren parecidas represiones.

La misma fuerza emotiva que lo lleva a valorar el problema de su pueblo por encima de su problema individual, conduce, o debe conducir, al exiliado hacia una comprensión del drama de otros pueblos, es decir, lo pone en contacto con una visión más generosa y global de la doliente humanidad.

---

[73] «Llevan en el pecho una pena, que la fama no puede curar, el hondo, inexpresable dolor que nadie más que los exiliados sienten».

[74] Varela hizo flamígera esa distinción entre la ambición personal y la devoción a la comunidad, «Nadie opera sin interés, todo patriota quiere merecer de su patria, pero cuando el interés se contrae a la persona en términos que ésta no le encuentre en el bien general de su patria, se convierte en depravación e infamia». Citado en Antonio Hernández Travieso, «Varela y sus discípulos», *Revista Cubana*; Enero-Junio 1949, p. 83.

Tal ascenso ético, que fue en Varela faro y en Martí llama, late en el testimonio de los más antiguos exiliados de que tenemos noticias. Así, uno de esos poetas griegos que permanecen en los oscuros umbrales de la Hélade, Focílides de Mileto, cuyos versos nos han llegado fragmentados, al partir al destierro en el siglo V antes de Cristo, escribió estas palabras de mármol: «Renuncio al despotismo, a la humanidad me uno, mi patria es la justicia».

Humanidad y justicia representan el ideal al cual se debe ascender por el doloroso camino del exilio. No menos hermosas palabras repitieron, y vivieron, nuestros grandes exiliados, de Heredia, quien pretendió en algún momento escribir un ensayo de filosofía histórica, para «presentarle a la juventud de nuestros pueblos un cuadro moral de la historia como deben verlo, para que no emponzoñen sus mentes con esa caterva de escritores viles que han escrito crónicas absurdas dictadas por la superstición *o el culto infame del poder*,[75] a Varona, con su perenne prevención contra los «redentores»[76]. Acaso ningún grupo obligado a vivir fuera de su país ha tenido tan soberanos guías morales en el pasado como los cubanos.

Todos ellos esencializan su conducta en un mensaje ético que debería ser el juicio decisivo sobre nuestra actuación: todo el que sobreponga su interés o su ambición personal sobre el interés del pueblo cubano está traicionando esa tradición, ese compromiso y ese deber. Nada justifica el convertir la diversidad de criterios en una guerra acerba de personalidades y grupos para afirmar liderazgos minúsculos y olvidarse de los dolores de los que en la patria han quedado. La sombra de Francisco Vicente Aguilera, uno de los más olvidados de nuestros patricios, quien prefirió renunciar a la jefatura

---

[75] José María Heredia, *Poesías, Discursos y Cartas*. (Habana: Cultural S.A., 1939), p. 218-19.

[76] Como apunta Medardo Vitier, Varona subrayó siempre, «lo inconveniente que resultaría para Cuba esperar redentores. Quiere que suba el nivel intelectual y moral de la comunidad, sin perjuicio de que los guiadores realicen su misión histórica. No quiere que descansemos en ellos sino que la cultura nos movilice a todos en la tarea de elevar y dignificar a la comunidad". Vitier, «Enrique José Varona», en *Ibid*, p. 435.

de la guerra y morir pobre en el exilio antes que alzar protesta contra Céspedes, quien le había arrebatado la jefatura de la guerra, es ejemplo guiador. Más que en la decantada e inasible unidad, el exilio cubano debería estar hondamente preocupado por crear la ejemplaridad.

Tal preocupación es tanto más esencial cuando se tiene conciencia de lo anteriormente afirmado: que ningún exilio histórico ha logrado determinar el destino de un pueblo.

La situación actual

En el caso cubano, tal afirmación se hace más o menos rigurosa porque el mero número de los exiliados les concede un mayor peso específico. Pero la cantidad deja pendiente la incógnita de cuantos de ellos van a volver, digo a volver para quedarse o para ayudar, no de visita para ver «cómo anda aquello», o de contribuir en la medida de sus fuerzas a que Cuba renazca aunque no vuelvan a ella.

De todas formas, lo que luce muy dudable es que se realice esa pretensión, explícita o tácita, que alientan muchos exiliados de convertirse en fuerza modeladora del porvenir cubano. Desde luego que en una época como la actual, donde el inesperado vendaval político y el derrumbe de murallas física e ideológicas en Europa desbandó a los expertos y quebró los más sesudos vaticinios, es posible que tal aspiración se vuelva realidad. Es posible, pero no probable. La medida de la influencia la va a dar la diferencia entre lo que el exilio se propone hacer y lo que puede hacer.

Para situar la cuestión en perspectiva histórica, es bueno recordar tres ocasiones en las cuales el exilio cubano ejerció influencia en el proceso castrista. Una, en cambiar la imagen de Castro fuera de Cuba. A lo largo de cuatro décadas, donde quiera que la propaganda del régimen ha intentado desplegar sus mejores luces, en la Argentina, en Europa o en el Canada, en centros de estudio, en reuniones internacionales, o en expresiones de cultura popular, la tenaz presencia de los exiliados le ha salido al paso.

Gran parte del mérito por el aislamiento internacional y el actual desprestigio de Castro se le debe a esa inconmovible barrera levantada por los exiliados cubanos. De Olga Guillot y Celia Cruz al más modesto cantante; de Guillermo Cabrera Infante y Reinaldo Arenas al más anónimo escritor; de poetas y obreros a pintores y estudiantes, el índice acusador, el testimonio visible de los exiliados cubanos ha sido devastador para el régimen. De ahí que sería iniciativa fecunda el crear una «Orden de la Dignidad», para premiar a aquellos cubanos cuyo gesto erguido rasgó el rostro de la dictadura en algún momento memorable. De inmediato adelanto mis dos primeras candidatas: la infinita Olga Guillot y esa Celia que es toda cruz, toda sol, y toda palmera. Nunca debemos olvidar que la música cubana, la expresión más popular y eterna del pueblo, el lenguaje que más compartimos, es el mejor vínculo de unión que nos reserva el futuro.[77]

La segunda ocasión fue cuando el parcial retorno a Cuba de miles de exiliados en la década de los setenta. La presencia de «gusanos» bien vestidos, cargados de regalos para sus familiares, rompió la propaganda del gobierno sobre el exilio y quebró la artificial moral espartana que quería imponer. El éxodo del Mariel en 1980, que tanto enriqueció al exilio y tanto daño le hizo al régimen castrista, fue el más visible, pero no el único resultado del retorno de los brujos a Cuba.

La tercera ha sido su influencia sobre el gobierno de los Estados Unidos para mantenerlo firme frente a Castro. En ese plano, nadie se lleva mejor galardón que la Fundación Cubano Americana. Pero el exilio todo, ha cooperado en ese empeño trascendental.

Ahora bien ¿qué puede hacer el exilio hoy, cuando, como señalamos anteriormente, crujen las bases del Estado castrista y parece aproximarse la crisis final del régimen?

Antes de aventurarnos con una respuesta, pasemos revista a los tentativos sedimentos que arrojan estas reflexiones sobre el futuro de Cuba. Como ocurre en todo proceso que es, o aspira a ser, lógico, las propias premisas nos han de indicar las conclusiones.

---

[77] Véase mi artículo «La Música como Expresión y Esperanza de Cuba», en *Diario las Américas*, febrero 12, 1989.

Algunas tentativas conclusiones

De las ideas desplegadas en estas reflexiones se pueden destilar ciertas conclusiones. Algunas de ellas brotan del propio contexto, todas apuntan, como señalé en el primer artículo, a un porvenir de sudor y sacrificio. Tal es mi visión, y no quiero velarla con la fácil retórica del ilusionismo. Se aproxima la hora cuando el mero hecho de ser, o sentirse, cubano, va a demandar vibrantes esfuerzos de patriotismo, devoción y sacrificio.

He aquí algunas conclusiones.

a) De los cambios ocurridos en Cuba el más trascendente y duradero es el cambio racial.

b) El régimen castrista ha creado una distorsión educacional y la más profunda crisis ética que el pueblo cubano ha experimentado jamás.

c) La economía de la Isla va a necesitar una «operación quirúrgica sin anestesia» para renacer. Es ilusorio contar con un diluvio financiero que reconstruya la economía. Como siempre, la situación geográfica y una población reorientada hacia la libre empresa pudieran ser los más fecundos recursos naturales. Pero se requieren planes lúcidos y un gran esfuerzo de educación empresarial y obrera.

d) En Cuba hay una creciente desesperación colectiva, pero no existe un frente definible de oposición.

e) Las Fuerzas Armadas son el único factor que luce capaz de forzar un cambio rápido en la Isla. Es preciso ahincar el principio de que todo cambio ha de orientarse hacia la libertad y la democracia. Pero tenemos que esforzarnos porque ese principio florezca aquí antes de intentar sembrarlo allá.

f) Es preciso que nuestro mensaje a Cuba se base en la solidaridad y la esperanza. Repetir que nosotros no pretendemos más que «ayudar» a liberar a Cuba del despotismo y a contribuir a su reconstrucción. El nacionalismo que nosotros compartimos con ellos tiene un signo de dignidad y no de guerra, de unión y no de represión, de prosperidad y no de miseria.

¿Qué puede y debe hacer el exilio frente a esa situación? Del propio texto de este trabajo se pueden deducir muchas de las posibilidades y limitaciones, pero resumamos. Activamente, es decir, con acciones u ofensivas de fuerza, el exilio casi nada puede hacer. Pasivamente, es decir, como ejemplo, acicate y esperanza, es mucho lo que puede hacer.

Como ejemplo, porque a la devastación ética de allá, deberíamos ofrecer el ejemplo ético de acá. Deberíamos ser capaces de ofrecer el cuadro de una comunidad cuya amplia mayoría no está formada por usureros puntuales que aguardan el momento de presentar cuentas morales o materiales, sino por cubanos que aman a Cuba por lo que es, y no por lo que dejaron allá[78]. De una colectividad que aspira a que en la isla florezca una democracia que va más allá de las proclamaciones. Porque la democracia real no pende de constituciones o leyes, depende de las convicciones individuales, florece cuando se vive en democracia, aceptando reglas, consultando votos, respetando opiniones y disensiones. Y esa «vivencia» se hace posible cuando reside en los principios de cada uno de los ciudadanos y no en la mente o en los programas de unos cuantos líderes.

Acicate, porque esa comunidad, diversa y disputante, pero unida en los principios, debe proclamar su apoyo a todo cambio y su voluntad de buscar todos los recursos posibles para que la eliminación del castrismo, venga como venga, (y puede venir por la terrible incógnita de los militares) sea sólo el primer paso en un proceso cuyo inalienable objetivo es la libertad y la mejoría de todo el pueblo cubano.

Esperanza, porque tenemos recursos y experiencia para ponerlos al servicio de ese pueblo que tanto ha sufrido y esperado. Porque tanto los más viejos como los más jóvenes de los exiliados han aprendido, o deberían haber aprendido en estos largos años de destierro, que Cuba estaba ahí antes de Castro, estará ahí después de Castro, y, si sus hijos apoyan el hombro generosamente, estará ahí, en un futuro mejor,

---

[78] «¿Qué somos aquí cubanos?», preguntaba Martí a los exiliados de su época con voz agónica, «¿aventureros o patriotas?, ¿merodeadores o redentores?» Sus preguntas tienen dolorosa permanencia.

cuando, como las cerradas legiones de Hitler, los barbudos y los líderes frenéticos no sean más que polvo en el recuerdo del pasado. «Generación va y generación viene, mas la tierra permanece siempre», enseña el *Eclesiastés*.

Eso puede y debe hacer el exilio. Y a quien me diga que, lamentablemente, el exilio está muy lejos de ser eso, le diría que el exilio es una abstracción, que la realidad la forman miles de cubanos dispersos por el mundo, muchos de los cuales no han tenido ocasión de expresar el amor a Cuba que les ha acendrado el destierro. Que en ese amor hay que confiar. Y que si, siguiendo la famosa frase de Esquilo, alentar la esperanza de que los exiliados vuelvan a Cuba con una enorme dosis de amor, generosidad y voluntad de ayuda, no es más que «alimentarse de sueños», respondo que siempre hay que actuar como si el sueño fuera alcanzable. Que siempre vale más quien se propone hacer algo noble y fracasa, que quien se propone hacer algo innoble y triunfa. Es preciso que cada uno de nosotros responda a la tragedia de la patria proponiéndose alzar el esfuerzo individual hacia ese ideal.

A fin de cuentas, el porvenir de una nación depende del entusiasmo de sus hijos. No hemos sido nosotros los únicos que, en Cuba o fuera de Cuba, se han visto enfrentados a un compromiso ético insoslayable y que, como los lituanos y los checos, o como nuestros propios antecesores cubanos, han sabido responder con un indoblegable espíritu patriótico. En nuestras manos se asienta la posibilidad de afrontar debidamente al trágico compromiso que nos ha impuesto la historia, o de desertar de nuestro deber.

El futuro dirá cuál camino escogimos.

1958-1960: CUANDO AGONIZABA
LA REPÚBLICA

Porque todo pasado es prólogo, y muy escasa atención se le ha prestado a la actitud que muchos cubanos irguieron frente al avance del caudillismo totalitarista, incluyo aquí tres artículos que publiqué en Cuba, «El Deber de una Generación», «El Dilema» y «La hora de la Unanimidad». El primero escrito cuando Batista aún mandaba en Cuba y Fidel Castro luchaba en las montañas, expresa la inquietud que sentían muchos cubanos ante un futuro preñado de violencia. Los otros dos, fueron publicados cuando el fragor de la lucha revolucionaria arrollaba el ambiente y, bajo el perenne tronar de una amenazadora propaganda, había que esforzarse para mantener clara la independencia de criterio.

No son los tres obra de sosegada meditación sino chispazos que brotaron bajo el impacto de una tremenda realidad. De ahí el posible valor que tengan para que el futuro historiador juzgue como veía la cambiante circunstancia revolucionaria alguien que vivió sus comienzos y presintió su desarrollo.

Con la perspectiva que proporcionan los años, el lector podrá juzgar por sí mismo si anduve muy desacertado en mi análisis de lo que ocurría y en la visión de lo que iba a ocurrir en Cuba.

1958

Al comenzar el año, la situación política en Cuba se tensaba entre dos polos, el dictador Batista en La Habana y Castro y sus guerrillas en las montañas. Las esperanzas de paz se esfumaban día a día. Radicalmente opuesto a la dictadura de Batista, a mí me preocupaba el futuro, ensombrecido por las nubes de violencia que se extendían sobre la Isla, en cuyo seno me pareció percibir el riesgo de una nueva dictadura. Este fue mi juicio.

SACRIFICIO Y DEBER DE UNA GENERACIÓN

De las tres vetas humanas que serpentean hoy en la masa nacional: la generación que va de los 45 a los 60 años; la generación intermedia (de los 30 a los 45); y la emergente (de lo 15 a los 30) es esta última la que tiene angustiada y tensa la conciencia colectiva. Estos adolescentes cuyos nombres sólo afloran en los periódicos bajo una orla trágica. Ese conjunto anónimo y juvenil que está viviendo y sufriendo en primera línea la dura realidad política, presiona de tal modo nuestro presente que **ya damos por descontado que su irrupción en el panorama nacional será el acontecimiento más decisivo del mañana**. Y como su ética ha de ser la avenida del futuro y su voluntad la fuerza moduladora del porvenir, algunas preguntas cargadas de zozobras estremecen todos los sectores e inclinan las cabezas hacia graves meditaciones. ¿Hasta cuándo va a seguir esta siega de vidas jóvenes? ¿Cuál será la impronta que dejen en tantos caracteres inmaduros estos muchachos agitados en sus años de formación por vientos de pasión y de lucha?

La pregunta y la angustia indican de por sí un hecho social de gravísimas consecuencias: que el vínculo entre las generaciones mayores y menores se ha roto, que la madurez rectora ha perdido su control sobre la adolescencia activa. Esta bifurcación de caminos, ese desacuerdo cronológico ha replegado a la juventud hacia líderes nuevos cuyos gestos es capaz de reconocer y sentir.

Ahora bien, que en una sociedad pueda darse el caso de una juventud no sólo sin mando sino mandando, no sólo libre de imposiciones sino imponiéndose al resto, implica una subversión tan radical, un fracaso colectivo de tal magnitud, que su mera posibilidad fuerza a reflexionar sobre sus causas y consecuencias, sobre la manera de restablecer los controles y restablecer el equilibrio generacional. Porque las soluciones que aplica toda generación al llegar a mandar se han forjado en su camino de aprendizaje y experiencia, y como esta juventud combativa no ha tenido tiempo de aprender sino de luchar, como va a arribar al puente de mando sin más experiencia que su propia batalla, a la hora de enfrentarse con los viejos y hondos problemas de la nación sólo encontrarán en su repertorio de soluciones su fórmula de heroísmo, su método de acción, su capacidad de violencia. **Fórmula, método y capacidad que, acreedoras hoy del estremecido agradecimiento de todos, pueden mañana, en otras circunstancias, cambiar de signo y tornarse negativas, como se torna, a veces, la gota de lluvia fecunda en granizo destructor de cosechas**.

En esa riesgosa situación, acaso sólo la generación intermedia pudiera jugar un gran papel moderador y fijar los objetivos de la lucha actual, sentar las bases doctrinales y jurídicas que han de encauzar el movimiento de renovación nacional que late en la juventud y, sobre todo y ante todo, establecer las condiciones sociales y políticas que impidan la repetición de la trayectoria de la generación de 1930, *para que los luchadores de hoy no se conviertan en los opresores del mañana*.

Ese deber de clarificación de ideales y formación de diques éticos es tanto más urgente cuanto más tiempo pasa sin que, a pesar de la sangre derramada, tengamos una idea clara de por qué se está luchando en Cuba. Limitarse a proclamar que se está combatiendo a un régimen o a un hombre, me parece de una poquedad desconsoladora y defraudante. Es hora de fijar miras más altas y radicales. Porque un hombre o un régimen político no son sino consecuencias de causas y condiciones profundas de la nación, y es ahí, a la raíz del problema donde hay que ir a aplicar las soluciones. Lo esencial es luchar por evitar que esas condiciones se repitan, eliminar definitivamente del horizonte cubano las causas que hicieron posible la tragedia que ahora nos conmueve. **Porque de no hacerse así, dentro de dos décadas estarán luchando y muriendo otros jóvenes frente a otros nombres y a un régimen parecido.**

De todos nosotros depende el dar un rotundo mentís a los pronósticos pesimistas, clamar y reclamar de todos el civismo, la dignidad, la acción, el estudio de la cuestión cubana *para salvar la paz en esta hora de lucha y contener a los luchadores cuando llegue la hora de la paz.* Sólo así podremos empujar un poco a esta isla tan dotada para la felicidad y tan absurdamente incapaz de conseguirla.

El estudio y realización de ese programa de adecentamiento radical, de reestructuración sustancial de las condiciones sociales y políticas de Cuba, debería ser el deber de nuestra generación. *Porque es muy doloroso que se haya derramado sangre en Cuba, pero lo trágico e imperdonable sería que se hubiera derramado en vano.*

(«Carteles», 16 de marzo de 1958).

1959

Ya a mediados de 1959, a los pocos meses del triunfo, la incesante propaganda del gobierno revolucionario no permitía términos medios ni alternativas: o se estaba total y plenamente con la Revolución, renunciando a apuntar críticas, o se sufría la condena de pertenecer al bando de los «enemigos del pueblo». El artículo que aquí reproduzco, publicado en *Prensa Libre*, en Junio 27 de 1959, fue mi respuesta a ese férreo dilema con el que se pretendía silenciar toda opinión disidente.

EL DILEMA

Todo cubano honesto que lleve a cuesta su carga de preocupaciones patrias, que se sienta y vibre con las esperanzas y riesgos de la hora presente, que quiera conservar su entusiasmo férvido, pero limpio de fanatismo, se siente atrapado en las fauces de un dilema. Por un lado, como un torrente de energía, la Revolución despliega sus conquistas y sus planes de justicia, su voluntad reivindicadora, y su glorioso impacto alza en el alma un cimbreante y ascendente amor a Cuba y una leal voluntad de servicio.

Por otro lado están los aspectos negativos de todo movimiento, los excesos, los desvíos, los errores de táctica que pueden comprometer la obra, y siéntese uno tentado a elevar la voz modesta y serenamente para advertir, discrepar o disentir. ¡Ah!, se nos dice, advertir un error de la Revolución significa hacerle el juego a la sombría legión de los condenados que dentro y fuera rumian su voluntad de venganza; discrepar en algún punto implica unirse a las huestes de los eternos pancistas que se oponen a las leyes revolucionarias por defender bastardos intereses; disentir conlleva el debilitarnos frente al enemigo norteño cuyo pico imperialista más de una vez se ha hundido en Hispanoamérica!

¿Y quién que conserve un átomo de patriotismo no retrocede ante esa pavorosa encrucijada? ¿Quién quiere que se confunda su honestidad en la crítica con las turbias voces que censuran para mantener la injusticia? Si tales son los términos del dilema, la actitud a asumir no ofrece dudas: hay que ahogar los consejos y cumplir en silencio la misión ciudadana.

Pero apenas se examina la cuestión más pausadamente, se advierte que no hay tal dilema o que, al menos, no son tan tajantes sus términos. Comenzamos a superar los términos si nos alzamos sobre el espinoso acontecer hacia una perspectiva histórica. Comprendemos entonces que los gobiernos y los movimientos políticos no son más que etapas en la historia de los pueblos. Pasan los hombres y queda la nación. Y es esa entidad supraindividual, rejuvenecida siempre por la afluencia de nuevas generaciones, la que mide en definitiva el hacer de los hombres y de los gobiernos de acuerdo con el beneficio final que le hayan aportado a la colectividad.

Alguna vez, en tensos momentos de historia, un hombre o un movimiento parecen encarnar las más caras ambiciones patrias, y entonces hierven y se disparan en torno a ellos todos los fervores nacionales. Pero aun en tales minutos de supremas entregas, el motor esencial de los entusiasmos es la convicción colectiva de que la actuación de tales individuos o partidos ha de marcar un alza tremenda en la vida nacional. De ahí la enorme responsabilidad de todo poder y lo alerta que han de estar los gobernantes para no caer en espejismos. La popularidad embriagadora, el apoyo masivo de los ciudadanos, *no son nunca concesiones irrevocables del pueblo*, son préstamos otorgados a la confianza que despierta una personalidad; préstamos que exigen altos intereses en mejoras concretas y positivas para que no se tornen espuma evanescente. Y si, pues, lo radical y trascendente es siempre y ante todo el interés nacional; entonces el dilema antes mencionado se reduce a términos superables.

El deber de todo ciudadano es tener en cuenta los altos valores nacionales para aplaudir, alentar y apoyar todo gesto o acción que luzca fecunda, y criticar o rectificar aquellos desplazamientos de energías que le parezcan errados o peligrosos a la obra común. Tan antipatriótico y contrarrevolucionario resulta el oponerse a una medida buena porque nos perjudica, como el aplaudir una medida mala porque nos conviene el aplauso.

Lo decisivo es la honestidad para con uno mismo, el emplazar el juicio sobre lo mejor que tenga uno de buena fe, para tratar de sumar el esfuerzo individual al esfuerzo de la nación. Frente a unos y otros, por encima del dilema aparente que pretende ponernos entre el aplauso perenne o la conjura tenebrosa, es preciso enhiestar el propio deber hacia la nación.

Alguna vez hemos de comenzar a sanear en Cuba la atmósfera discutiendo los argumentos y no a los argumentadores, valorando las tesis sin menoscabar a los expositores, analizando el deber de opinar para poder opinar debidamente. Cuando pasen los años y las fragorosas olas de la actualidad hayan descargado ya todo su vigor en las playas del tiempo, y sólo queden flotando en el mar de la nación las reales y positivas conquistas que se hayan alcanzado, entonces se verá como el último juicio de la historia clasificará a los hombres que vivimos esta época en sólo dos grandes grupos: Aquellos que le hicieron bien a la nación y aquellos que le hicieron daño. Eso es lo permanente. Todo lo demás es transitorio.

1960

A principios de mayo de 1960, con casi todos los medios de comunicación ya controlados por el gobierno, sólo dos periódicos sobrevivían bajo el asedio creciente de una masiva propaganda gubernamental. El 11 de mayo, en medio de una llamada patriótica contra una supuesta e inminente invasión de «marines», el *Diario de la Marina*, fue «ocupado» por el pueblo.

En *Prensa Libre* apareció mi denuncia y mi pronóstico de lo que iba a ocurrir en mi patria. Fue el último artículo que se publicó en Cuba defendiendo la libertad de expresión. Al día siguiente las turbas cerraron «Prensa Libre».

Por ese «delito» de sostener el derecho de todos los ciudadanos a expresarse y a leer libremente, en la «coletilla» que le «añadió» al artículo un fantasmal Comité de Libertad de Prensa, solicitaron que se me concediera el honor de ser encarcelado, odiado y fusilado. Aquí lo reproduzco, con coletilla y con una melancólica cuota de orgullo.

LA HORA DE LA UNANIMIDAD

La libertad de expresión, si quiere ser verdadera, tiene que desplegarse sobre todos y no ser prerrogativa ni dádiva de nadie. Tal es el caso. No se trata de defender las ideas del «Diario de la Marina». Se trata de defender el derecho del «Diario de la Marina» a expresar sus ideas. Y el derecho de miles de cubanos a leer lo que consideren digno de ser leído. Por esa libertad de expresión y de opción se luchó tenazmente en Cuba. Y se dijo que si se empezaba persiguiendo a un periódico por mantener una idea, se acabaría persiguiendo a todas las ideas. Y se dijo que se anhelaba un régimen donde tuvieran cabida el periódico «Hoy» de los comunistas y el «Diario de la Marina», de matiz conservador. A pesar de ello, el «Diario de la Marina» ha desaparecido como expresión de un pensamiento. Y el periódico «Hoy» queda más libre y más firme que nunca. Evidentemente el régimen ha perdido su voluntad de equilibrio.

Para los que anhelamos que cristalice en Cuba de una vez por todas la libertad de expresión. Para los que estamos convencidos de que en esta patria nuestra la unión y la tolerancia entre todos los cubanos son esenciales para llevar adelante los más limpios y fecundos ideales, la desaparición ideológica de otro periódico tiene una triste y sombría resonancia. Porque, presentésele como se le presente, el silenciamiento de un órgano de expresión pública, o su incondicional abanderamiento en la línea gubernamental, no implica otra cosa que el sojuzgamiento, de una manera o de otra, de una tenaz postura crítica. Allí estaba la voz y allí estaba el argumento. Y como no se quiere, o no se puede, discutir el argumento, se hizo imprescindible ahogar la voz. Viejo es el método, conocidos son sus resultados.

He aquí que va llegando en Cuba la hora de la unanimidad. La sólida e impenetrable unanimidad totalitaria. La misma consigna será repetida por todos los órganos publicitarios. No habrá voces discrepantes, ni posibilidad de crítica, ni refutaciones públicas. El control de todos los medios de expresión facilitará la labor persuasiva: el miedo se encargará del resto. Y bajo la voceante propaganda quedará el silencio. El silencio de los que no pueden hablar. El silencio cómplice de los que, pudiendo, no se atrevieron a hablar.

¡Pero, se vocifera siempre, resulta que la Patria está en peligro! Pues si es cierto que lo está, vamos a defenderla haciéndola inatacable en la teoría y en la práctica. Vamos a esgrimir las armas, pero también los derechos. Vamos a comenzar por demostrarle al mundo que aquí hay un pueblo libre, libre de verdad, donde pueden convivir todas las ideas y todas las posturas. ¿O es que para salvar la libertad nacional es preciso comenzar por ahogar todas las libertades ciudadanas? ¿O es que para «defender» la soberanía se hace indispensable limitar los soberanos derechos individuales? ¿O es que para defender la justicia de nuestra causa hay que hacer causa común con la injusticia de los métodos totalitarios?...¿No sería mucho más hermoso y más digno ofrecer a toda la América el ejemplo de un pueblo que se apresta a defender su libertad sin menoscabar la libertad de nadie, sin ofrecer ni la sombra de un pretexto a los que aducen que aquí estamos cayendo en un gobierno de fuerza?

Lamentablemente tal no parece ser el camino escogido. Frente a la sana multiplicidad de opiniones, se prefiere la fórmula de un solo guía, y una sola consigna, y una total obediencia. Así se llega a la unanimidad obligatoria. Y entonces ni los que han callado hallarán cobijo en su silencio. Porque la unanimidad totalitaria es peor que la censura. La censura nos obliga a callar nuestra verdad, la unanimidad nos fuerza a repetir la verdad de otros aunque no creamos en ella. Es decir, nos disuelve la personalidad en un coro general y monótono. Y nada hay peor que eso para quienes no tienen vocación de rebaño.

Coletilla.

Al Comité de Libertad de Prensa le toca hoy desenmascarar a uno que cuando la caverna del Diario de la Marina se queda sin voz se desboca añorando por el mundo «libre», «la libertad de prensa», «la libertad individual», la libertad, la libertad... En fin, la libertad en abstracto, la libertad inexistente. Es lógico que no se atreva a decir la libertad que pretende para qué es y para quiénes las pide.

Porque la triste resonancia de la libertad para entrenar a una misión yanqui que entrenó a los asesinos de 20,000 cubanos[79] y los armó hasta los dientes, para poseer enormes latifundios que se traducían en parásitos y piojos, etc... para los campesinos...

---

[79] La cifra de 20,000 cubanos muertos por la dictadura de Batista fue una cifra fantástica inventada por el periódico «Mella» y recogida de inmediato por la propaganda castrista. Cuando más tarde la revista «Bohemia» quiso encontrar, con un mínimo de seriedad, el número de personas que había perecido en la lucha contra Batista, no logró llegar a la cifra de ochocientos.

esa libertad ya no existe en Cuba, ni existirá jamás... *Para quienes procuren eso, hay paredón, cárcel, exilio y odio.*[80]

---

[80] La «coletilla» fue un método totalitario, creo que inventado por los comunistas checos, mediante las cuales un sindicato del periódico rebatía e insultaba a los que escribían criticando al gobierno. Las notas se añadían al final de los artículos. Apenas el gobierno se adueñaba del periódico las «coletillas» desaparecían.

DOS LECCIONES:

LA CIVILIDAD DE LA REPÚBLICA
Y
EL CESARISMO

EL ÚLTIMO LIBRO DE MARTÍ

He aquí a José Martí, hombre de verso alado y fulminante oratoria, trasmutado en guerrero. En abril de 1895, trepa las ariscas montañas de Oriente con rifle, mochila y machete, ávido por sumar su esfuerzo bélico a la lucha por la libertad de Cuba. El guerrero, sin embargo, no puede dejar de ser escritor En cada rincón del azaroso sendero crea tiempo para tomar notas vertiginosas. El alma se le desborda de alborozo. La tierra cubana que pisa le vibra con música, la naturaleza que lo rodea lo embriaga, en cada personaje que se le acerca advierte algún rasgo de gloria o de enhiesto carácter cubano. Canta el exterior porque lleva un canto interior. «Subir lomas hermana hombres...» «¡qué luz, qué aire, qué lleno el pecho, qué ligero el cuerpo angustiado!... Nos caemos riéndonos!».[81]

Sabemos nosotros algunas de las razones que provocan esa embriaguez permanente que anima sus primeras notas. No era sólo su amor acendrado y sublimado a la patria, cuyos senderos recorre con

---

[81] Todas las citas de este ensayo están tomadas de la correspondencia de Martí y de su Diario, en *Obras Completas*; op. cit, Vol. I, p. 251, 253, y siguientes.

espíritu descubridor. Era también el desbordamiento anímico de quien ha luchado sin tregua, durante años de esfuerzo y sacrificio, por esa guerra que empieza. La liberación espiritual de quien al echarse sobre los hombros la mochila mambisa, se despoja de años de sufrir en silencio la envidia, la mezquindad y, sobre todo, la acusación infamante, explícita o implícita, de que él, que todo lo sacrificaba por Cuba, nunca había luchado como guerrero en los campos de Cuba. Toda esa maledicencia que lo hería en lo más íntimo, se avienta ahora con su presencia en las montañas de Oriente. Viniendo a liberar se libera él mismo. «En Cuba libre les escribo...» confiesa en carta de abril 15, «Hasta hoy no me he sentido hombre. He vivido avergonzado, y arrastrando la cadena de mi patria toda mi vida».

Esa trágica e iluminadora confesión refleja no sólo cuán hondo, y cuán injustificadamente, había sentido Martí su carencia de historial guerrero, sino también el curioso y perenne desasosiego que siente el hombre de ideas frente al hombre de acción. Tal sentimiento permea casi toda la literatura mundial. ¿No suspiraba acaso el romántico Alfredo de Musset por no haber sido «uno de esos bravos coraceros de Ney que galoparon de Madrid a Moscú?» ¿no celebraba Ortega y Gasset a la guerra como un saludable y depurador ejercicio social? Los libros que más glorifican la guerra han sido escritos por quienes nunca han vivido la dura realidad de la guerra.

A Martí también, muy pronto, la realidad le ha de golpear el rostro amenguándole el resplandor inicial. Ve fusilar a seres humanos, oye que hay cubanos traidores que ayudan a España, escucha como un Gómez huraño no quiere que le llamen «presidente», y luego se enfrenta a un Maceo afirmado ya en jerarquía de mando, que llega «con un caballo dorado, en traje de holanda gris: ya tiene plata la silla, airosa y con estrellas», quien se empeña en zaherirlo.

Maceo sigue viendo en Martí al hombre que dio jefatura por sobre él a Flor Crombet, y, sobre todo, a un nuevo delegado civil, fecundo en mañas legalísticas, que viene a entorpecer, como había ocurrido en la Guerra de los Diez Años, los planes militares de los aguerridos veteranos mambises. De ahí su tono tajante e imperioso, y su nada cordial despedida. Tras el encuentro, Martí escribe «así como echados, y con ideas tristes dormimos». La prosa se le ensombrece con fúnebres presentimientos. «Escribo poco y mal, porque estoy pensando con zozobra y amargura, ¿hasta qué punto sera útil a mi país mi desistimiento? Y debo desistir cuando llegase la hora propia». Al contemplar de nuevo las márgenes rumorosas del río Cauto no le brota el canto germinal de los primeros días, anota una pesarosa asociación, «y pensé de pronto, ante aquella hermosura, en las pasiones bajas y feroces de los hombres».

Pero hay en el Diario de Martí, tan henchido de significaciones, un dato bien curioso que ha pasado casi inadvertido a los comentaristas. El 17 de abril, escribe «Saldremos mañana. Me meto la Vida de Cicerón en el bolsillo en que llevo 50 cápsulas». He aquí un insólito soldado: 50 balas y una biografía de Cicerón. No un manual sobre guerrillas o armas, un libro de doctrina política, una obra de estrategia bélica o ideológica, (y ya a fines de siglo sobraban tales tratados) sino una Vida de Cicerón.

¿Y por qué Cicerón? Es improbable que fuera selección de azar, como el único libro que Martí había encontrado. El mismo anota que había traído de Nueva York algunos libros, y durante su estancia en Santo Domingo y Haití menciona el haber hojeado una diversidad de obras, y aun describe algunas de ellas. ¿Por qué, pues, esa específica selección? La especulación, porque de razonada especulación se trata, nos alienta a buscar la respuesta en una comparación entre la imagen histórica de Cicerón y la imagen que Martí tenía de sí mismo y del papel que le había tocado jugar en ese crítico momento de la historia de Cuba.

Cicerón, el orador político por antonomasia, vivió la agonía final de la república romana y pereció bajo sus ruinas. Educado no sólo en la oratoria sino también en la filosofía griega, Cicerón había creído vislumbrar la causa fundamental de los males que estaban rasgando a la república desde la época de Mario y Sila: la falta de concordia, la ausencia de consenso social, y la emergencia del militarismo. La república romana había sobrevivido el creciente poderío military la expansión territorial, mientras todos sus ciudadanos estuvieron acordes en quién y cómo debían ser gobernados. El Senado era el instrumento gubernamental y el símbolo unificador de plebeyos y aristócratas: las dos órdenes básicas (o clases sociales diríamos hoy) en que se dividía la república.

Ahora bien, en la centuria de Cicerón, esa concordia fundamental estaba en trance de quebrarse. Las prolongadas campañas militares lejos de Roma, habían provocado que la lealtad de los soldados se trasladara del Senado hacia los generales que los mandaban. De tal cambio surgían, cada vez más amenazadoramente, las figuras de los caudillos militares. Mario y Sila, habían sido los primeros en romper el equilibrio político romano. Otros iban a seguirlos. En vida de Cicerón, Pompeyo y, sobre todo, Julio César aparecían como los nuevos aspirantes a «imperare», a concentrar en sus manos todo el poder.

Frente a tal amenaza, Cicerón, que había dado con la causa del mal pero no con su remedio, intentó salvar el prestigio del Senado mediante la creación de un nuevo magistrado que sirviera de balance entre el poder de las fuerzas militares emergentes y el viejo poder senatorial: un «rector» cuya función consistía en mantener el equilibrio político y la «concordia ordinum», o la concordia entre las clases sociales.

Como todos sabemos, el ensayo fracasó. Forzado a optar entre las facciones, Cicerón mostró pésimo juicio selectivo. Entre César y Pompeyo se decidió por Pompeyo. César, triunfador y magnánimo, le perdonó la vida. A la muerte de César, Cicerón fustigó a Marco Antonio y se inclinó a Octavio. Pero su oratoria era demasiado ácida y ondulante para ofrecer garantías. Un pacto entre Marco Antonio y Octavio le costó la vida. Para algunos, su muerte marca el final de una época. Sobre el cadáver de la república romana se irguió la imponente estructura del imperio.

A Martí, cabal conocedor de la historia de Roma, quien consideraba a Cicerón como uno de esos hombres egregios «que reflejan los grandes trances de la historia[82]» no se lo podía haber ocultado la similitud entre los peligros políticos que Cicerón había avizorado y los que

---

[82] Véase su «Cuaderno de Trabajo», en *Obras Completas* (La Habana: Editorial Lex, 1946) Vol II, p. 1708.

él veía en torno suyo. Cicerón había presenciado como el militarismo victorioso había hundido a la república romana. Consagrado a forjar el nacimiento de la República cubana, Martí se esforzaba por protegerla de un destino semejante. De ahí su permanente desvelo frente a las cimeras figuras militares de la Guerra de los Diez Años, a quienes amaba y temía. Su prédica constante de que la nueva guerra era diferente a la primera, su insistencia en organizar una estructura política capaz de realizar una campaña de liberación «rápida y unánime», su negativa a subordinar la autoridad civil de la naciente República a las demandas autoritarias de los generales.

Esa conciencia del peligro militar hizo que Martí, quien todo lo sacrificaba por la unidad de los cubanos, no flexionara jamás su voluntad civil y republicana. En 1884, cuando Máximo Gómez trató de imponer decisiones sobre la futura campaña, Martí irguió toda su herida convicción de revolucionario civilista y democrático... «hay algo que está por encima de toda la simpatía personal que Ud. pueda inspirarme... y es mi determinación de no contribuir un ápice, por amor ciego a una idea en que me está yendo la vida, a traer a mi tierra a un régimen de despotismo personal, que sería más vergonzoso y funesto que el despotismo político que ahora soporta... un pueblo no se funda, General, como se manda un campamento».

Con tales hondas convicciones llega Martí a Cuba, a luchar por la independencia en una «guerra republicana». Tal vez por eso lleva a Cicerón en la mochila. Centurias antes que él, el gran orador había lanzado su perenne advertencia a todas las repúblicas: «¡si la república ha menester del ejército y sólo del ejército para salvarse, la república pertenece ya a los salvadores!»

Así cruza Martí, tierno pero inflexible, los campos cubanos, a ayudar en lo material y a oponerse en lo ideal a Maceo o a Gómez, en tanto en cuanto dichos líderes no entendieran lo vital que era su mensaje. Por ello se enfrenta a Maceo, quien anhela constituir una suprema Junta de Generales, o, como apunta Martí «la patria, pues, y todos los oficios de ella, que crea y anima al ejército, como Secretaría del Ejército... mantengo rudo (una de las pocas veces que Martí utiliza ese adjetivo para referirse a sí mismo): el Ejército libre, y el país, como país y con toda su dignidad representado».

El enfrentamiento hubiera tenido seguramente otros episodios de mayor hondura, pero dos semanas después de esa entrevista, cuando apenas comenzaba Martí a dejar sentir su influencia, el encuentro en Dos Ríos y la carga insensata de Martí –¿avidez de acción?– ¿voluntad suicida?–[83] ponen fin a su existencia. Con él caía la única voz civil, alta, preclara, internacional, de la República en Armas. Años más tarde, cuando la intervención norteamericana, la pérdida de esa voz republicana, cuya ausencia desmedró al gobierno civil de los mambises hasta convertirlo en una sombra sin poder, iba a pesar gravemente sobre el destino de Cuba.

Entre los objetos ocupados por los españoles al cadáver de Martí, no se menciona el libro de Cicerón. Seguramente quedó allá, olvidado, en un rincón de la manigua cubana, deshaciéndose lentamente bajo la inexorable inclemencia del trópico y del tiempo. Legándole a los cubanos del futuro la sabia advertencia del romano, transformada en credo por el sacrificio del Apóstol: «si la república ha menester del ejército, y sólo del ejército para salvarse, la república pertenece ya a los salvadores».

---

[83] Un año antes, Martí le había escrito a José María Izaguirre, al anunciarle la inminencia de la guerra: «Yo voy a morir, si es que en mí queda ya mucho de vivo. Me matarán de bala o de maldades». *Op. cit.*, p. 179.

EL CESARISMO Y
EL ERROR DE BRUTO

C uando el triunfo de Napoleón III obligó a Víctor Hugo a marchar al exilio, el gran romántico se ubicó en Guernessy, una isla inglesa cercana a su amada Francia, y llenó el vacío del destierro estudiando a Shakespeare. Años más tarde, al comenzar su libro, el gran poeta francés recogió sus ideas sobre Shakespeare y, en la página primera, rasgó esta frase solemne: «En verdad hay hombres océanos».

En verdad. Crear a Hamlet y a Macbeth, a Ofelia y a Desdémona, llegar al fondo de la tragedia con King Lear, hacer reír con Falstaff, y soñar con Próspero, y aún tener genio para dibujar a Romeo y Julieta, a Marco Antonio y Cleopatra, y a Troilo y Cresida. Llevarnos a la antigua Roma, a Grecia e Italia, y enseñarnos en cada personaje los recónditos pliegues del corazón humano. Desenmascarar a Yago, humanizar a Shyllock, y producir decenas de escenas inmortales. Y forjar ese vasto panorama en menos de treinta años, mientras se trajina con telones y se escribe sobre los muebles de un teatro, es una hazaña que da vértigo. En verdad hay hombres océanos.

Bajo el impacto de la última versión cinematográfica de su obra «Henry V», donde las cámaras interpretan visualmente lo que el gran bardo insinuó: la dualidad de la guerra, la gloria del conquistador y el aspecto horrible de la batalla: el fango, los heridos, los cascos de los caballos salpicando sangre, un rey victorioso, tan jadeante y maltrecho, que ni siquiera sabe si ha vencido, me inmergí en Shakespeare y releí «Julio César», su clásico estudio, y eterna lección, sobre el asesinato de un dictador y la falacia de creer que la muerte de un tirano elimina la tiranía.

Como siempre, cuando se trata de un autor insondable, encontré un nuevo destello en la obra. Es una escena (Esc. 2 del Acto 3), que aun los que no conozcan a Shakespeare, y más si han sido afectados por alguna tormenta política, pueden apreciar en toda su múltiple significación. Se trata de cómo escrutó Shakespeare lo que ocurrió con la muerte de César.

Ahí está Bruto, el predilecto de César, con las manos y la túnica aún manchadas por la sangre de César. Bruto le va a hablar al pueblo, o a la plebe, para explicarle las razones del crimen.

Bruto es un intelectual, frío, dubitativo, que jamás se ha mezclado con el pueblo. Ha matado porque su lógica lo convenció de que César era el enemigo de la república romana y que, lógicamente, la muerte de César restauraría a la república en todo su esplendor. Por eso, cuando clava el puñal grita: «¡Viva la paz y la libertad!», y le pide a los otros asesinos que se empapen las manos en la sangre de César, como en un ritual de liberación.

Tan seguro está Bruto de lo correcto de su actuación, que ha autorizado a Marco Antonio, el soldado de César, cuyas manos tiemblan de ira ante lo ocurrido, para que le hable al pueblo después de él. Con una desdeñosa generosidad, sólo le ha prohibido a Marco Antonio que elogie a César.

Cuando Bruto sale a la escalinata, un rumor amenazador emana de la multitud. Bruto habla. El tribuno ha estudiado elocuencia, sabe cómo dominar el gesto y modular las palabras. Habla de su amor a César, pero de su mayor amor a Roma. Dice que la ambición de César dañaba a la república y que era preciso matarlo. «¿Quién hay aquí que quiera ser esclavo?», pregunta, «si hay alguno, que hable, porque a ese he ofendido». «He matado a quien yo amaba por el bien de Roma. ¡Y aquí está mi daga, para clavármela, el día que Roma requiera mi muerte!».

El gesto es convincente. El público lo aplaude. Bruto ha triunfado. Pero, precisamente, es en el momento de la aclamación, cuando el genio de Shakespeare introduce un detalle, un grito que surge de la multitud, que, aparentemente nimio e intrascendente, nos da la clave para entender cuán trágicamente equivocado estaba Bruto y cuán inútil su crimen. El signo de ese grito va a precipitar al tribuno al desastre.

Bruto, y el público, apenas si registran esas palabras ahogadas por el clamor de la plebe. Posiblemente, el iracundo Marco Antonio, el soldado de César, es el único que se da cuenta de su significación. De esa voz anónima ha de tomar Marco Antonio el ímpetu decisivo para que su discurso levante la furia del pueblo y lo torne contra Bruto y sus cómplices.

A medida que se desarrolla el drama, el público, y el propio Bruto, van cayendo en la cuenta de que el eco de ese grito marcó el rumbo inevitable de la tragedia. Que esas palabras, lanzadas en medio de una aclamación, van a perseguir a Bruto hasta obligarlo a hacer uso de su daga para dar fin a su vida y cumplir la promesa que allí en la escalinata hizo.

Efectivamente, en medio de la algarabía que provoca el triunfo de Bruto, uno de los plebeyos aúlla de pronto una proposición: «¡Hagamos que Bruto sea César!» (Let him be Caesar!) Bruto apenas si oye ese grito. Nosotros, el público, sí podemos medir, vagamente al principio, la trágica ironía que tal grito representa. He aquí que, frente al hombre que ha asesinado a César para salvar a la república, que de ese pueblo al cual Bruto cree haber liberado de César, surge un reclamo de que, en premio, a Bruto ¡lo hagan César!

Evidentemente el tribuno había juzgado mal la situación, su sentido político sufría un grave error de perspectiva. César no era la causa de que la república romana agonizara, César era la consecuencia. La plebe romana no era ya el pueblo augusto que veneraba al Senado y a las viejas virtudes republicanas, sino una plebe envilecida que añoraba la mano firme de un dictador. Bruto había asesinado a César sin darse cuenta de que el cesarismo se había adueñado del alma romana y de que la república estaba muerta. Allí mismo, entre los que lo aplaudían, estaba la sombra invencible de César.

Oyendo ese grito, Marco Antonio, el soldado de César, quien sólo aspiraba a sustituirlo, percibe de inmediato cuál era el ánimo de la plebe, y el tremendo error de Bruto. Cuando le llega su turno, sin embargo, Marco Antonio, desdoblado en político, habla con cautela. Su discurso es un modelo de insidiosa habilidad demagógica. «Romanos, compatriotas, préstenme atención... he venido a enterrar a César no a elogiarlo. Bruto dice que César era ambicioso, y Bruto es un hombre honorable». La palabra «honorable», le brota como un silbido desdeñoso. Si César era ambicioso, continúa, bien caro ha pagado por ello. Y le muestra a la plebe el cadáver de César transido de puñaladas. Dice que la ambición de César estaba orientada a hacer grande a Roma y feliz al pueblo. Que, en su testamento César le legaba al pueblo todas sus propiedades. Y que esos «hombres honorables» que lo asesinaron por la espalda troncharon todos los proyectos de felicidad que César para el pueblo tenía.

La multitud se enardece, llora por su bien amado César, el mejor, el más genial, el más noble de sus campeones, pide a gritos la cabeza de Bruto y de sus cómplices y se desparrama por la ciudad levantando los ánimos contra los canallas que habían asesinado a César porque era amigo del pueblo. Por su parte, Marco Antonio, quien bien conoce lo mudable de las iras del pueblo, marcha a movilizar en su favor al poder decisivo, a las legiones de César.

En el último acto, tras la batalla de Farsalia, donde las legiones de Marco Antonio y Octavio acaban de derrotar a los «hombres honorables» que habían asesinado a César, ahora condenados como traidores a Roma, nos encontramos con un Bruto exhausto y vencido. Ya para entonces, demasiado tarde, Bruto ha comprendido la magnitud de su error. Su misión debió haber sido educar al pueblo a favor de la república y contra el cesarismo, no haber asesinado a César. Frente a un pueblo firme en convicción republicana, César no era nada, frente a un pueblo enfermo de sumisión, César era todo. La dictadura caía por gravitación popular. El asesinato sólo había conseguido enaltecer la figura de César. César muerto era más poderoso que César vivo.

Apoyado en una roca, Bruto escucha las lejanas trompetas victoriosas de los nuevos Césares. Tras ellos vendrán otros. Todo había sido inútil. La república estaba muerta. A Bruto sólo le queda morir con la dignidad de un romano.

Ayudado por su último amigo, Strato, Bruto afirma la espada contra su pecho y murmura, mirando al horizonte, «Cálmate César, no te maté con la mitad de la buena voluntad con la que ahora me mato». Y hunde en sí mismo la espada. Todavía alcanza a oír el eco del grito fatal que había escuchado en la escalinata del Senado, «¡Viva Marco Antonio, el nuevo César!».

A dónde puede conducir nuestra
interminable polémica.

LA PARÁBOLA DE ROBINSON CRUSOE
Y
TRUCUTÚ

De cómo, si seguimos así, un Trucutú exiliado
será el único capacitado para liberar
a un Robinson Crusoe cubano

Se suele proclamar en el exilio que toda nuestra lucha está encaminada «a la liberación de nuestros hermanos en la Isla». Dada nuestra evidente, perenne y corrosiva tendencia a la polémica, y tomando en consideración los parámetros que usamos para medir el patriotismo de nuestros compatriotas, la frase merece escrutinio. ¿Quiénes somos los que «vamos» a liberar, y quiénes son los «hermanos» a quienes queremos liberar?

Según las normas vigentes en el exilio, del «vamos» están excluidos los exiliados que vinieron de la Isla después de 1959, porque descubrieron sospechosamente tarde lo que ocurría en Cuba. Ello elimina al setenta por ciento de los exiliados. Y también quedan fuera los que de alguna manera participaron en los desmanes del régimen infame, es decir, un diez por ciento de los exiliados. Igualmente desechamos a los tontos útiles e inútiles, a los intelectuales, que siempre andan confundidos, a los «politiqueros», a los «dialogueros», todos los cuales participan en conjuras socialistas, a los que han ayudado a Fidel con opiniones disonantes, consonantes, o detonantes, a los que se acercan al poder norteamericano, porque tienen una lacayuna mentalidad plattista, a los «que no están claros» y a los que «están oscuros». A los demócrata cristianos, a los social demócratas, a los liberales, a los que se disfrazan de conservadores, a los cristianos sociales, y a todo ese tejido de siglas bajo las cuales se agazapan los comunistas o los fidelistas sin Fidel.

¿Quiénes quedan, pues? ¿Quiénes son los puros, los verdaderos patriotas que «van» a liberar a los «hermanos» de la Isla? La drástica eliminación deja a salvo a un solo exiliado, a un tal Trucutú, que vive en Hialeah, quien llegó de Cuba en enero de 1959. Trucutú es sordomudo, y no ha oído jamás hablar de Batista o de Castro, se dedica a reunir sellos, y nunca ha participado en ninguna organización política, ni expresado opinión alguna que tenga que ver con Cuba. Trucutú es el único exiliado que clasifica y sobrevive en todas las encuestas como adecuado liberador de la Isla.

Ahora bien, ¿quiénes son los «hermanos» cubanos a los cuales tenemos intenciones de liberar?

Desde luego, no a los cubanos que simpatizan con el régimen castrista, lo cual excluye a un quince por ciento de la población de la Isla. Ni a los soldados que combatieron en Angola, ni a los milicianos, ni a los que forman parte de los indignos Comités de Defensa de la Revolución, ni a los que han ocupado casas «robadas», ni a los miembros del Partido Comunista, ni a todo los presos políticos, porque muchos de ellos son agentes del gobierno que se dejan torturar para engañar al exilio, ni a los que han ocupado cargos oficiales en La Habana o en los municipios, ni a los médicos que han contribuido a la salud pública del régimen criminal, ni a los enfermos que se han enfermado para hacerles el juego a la propaganda castrista, ni a los que se dicen «disidentes» para embaucar a la opinión internacional, ni a los curas que no se han proclamado abiertamente contra la dictadura. Ni al Caballero de París, porque ya está muerto. Que si vivo estuviera, largas explicaciones tendría que dar de por qué fue «precursor» de las barbas y el desaseo.

¿Quién queda entonces?

Queda un ciudadano que vive en una finquita, cerca de Remedios, tan hirsuto y solitario, que los vecinos lo llaman «Robinson Crusoe». El régimen castrista lo ha dejado en paz, y Robinson, cuya edad se desconoce y de quien se rumora que es sordo y mudo, no ha participado jamás en ninguna actividad política, social, cultural, partidista, comunista, oposicionista o entreguista. Robinson Crusoe vive hermético, insensible, inasible e injuzgable. Robinson Crusoe justifica nuestra lucha, Robinson Crusoe es nuestro hermano.

He aquí que, de acuerdo con los ácidos juicios de algunos extremosos exiliados, sólo Trucutú, el exiliado puro, está aceptado para «liberar» a Robinson Crusoe, el único cubano limpio que queda en la Isla.

Lo único malo es que ninguno de los dos se ha enterado de la enorme responsabilidad que pesa sobre sus respectivos hombros. Mientras tanto, peor que las cigarras de la famosa fábula, nosotros continuamos aserrando alegremente nuestro propio prestigio.

**Y DOS VÍCTIMAS DEL SISTEMA
QUE AYUDARON A CONSTRUIR**

En la madrugada del 13 de julio de 1989, el general cubano Arnaldo Ochoa, Héroe de la Revolución, veterano de la campaña en la Sierra Maestra, y otros tres oficiales, fueron fusilados, como traidores, tras un juicio sumario y una acusación centellante. Mucho antes, Nicolás Guillén había escrito su poema «Fusilamiento».

EL SOLDADO

FUSILAMIENTO

«Van a fusilar a un hombre
que tiene las manos atadas,
son cuatro soldados para disparar
son cuatro soldados
que están amarrados,
lo mismo que el hombre amarrado
que vienen los cuatro a matar...»

C uando Nicolás Guillén escribió esos acerados versos, envisiona-
ba la realidad plasmada por décadas en los pasquines de
propaganda comunista: heroicos camaradas, abiertas las blusas sobre
musculosos pechos, en alto el puño desafiante, a punto de morir bajo
balas burguesas. Cuando Nicolás Guillen escribió esos versos, los
crímenes de Stalin eran negados como una gran mentira del imperialismo. Y ningún camarada preveía que las balas socialistas iban a liquidar
más comunistas que todos los proyectiles del capitalismo.

El poeta abrió los ojos a la propaganda y cerró los ojos a las
denuncias sangrantes. No quiso leer «El Cero y el Infinito», el libro
terrible y profundo de Arthur Koestler, en cuyas páginas vaga la imagen
de un prisionero comunista, enloquecido por las torturas, que anima a
sus compañeros de prisión balbuceándoles «La Internacional» y asegu-
rándoles que pronto van a ser liberados por sus triunfantes camaradas,
piadosamente ignorante de que sus camaradas ya han triunfado y son
ellos los que lo mantienen preso.

> *«¿Puedes escapar?- No puedo correr.*
> *¡Ya van a tirar!.- Que vamos a hacer»*
> *¡Quizás los fusiles no estén cargados!*
> *Seis balas tienen de fiero plomo.*
> *¡Quizás no disparen esos soldados!*
> *Eres un tonto de tomo y lomo».*

¿Habrán pensado el general Ochoa y sus compañeros que fueron
tontos de tomo y lomo por haber cerrado los ojos a la realidad? ¿Qué
imágenes le habrán cruzado por la mente frente a la negra hilera de los
fusiles fusilantes? ¿Habrán evocado las lejanas mañanas en la Sierra
Maestra, los riesgos y aventuras pasadas, la larga fila de mortales que
han caído bajo o por sus órdenes en Venezuela, en Eritrea, en Angola?

Acaso cavilaron sobre los camaradas que iban a fusilarlos, y sobre
la lealtad al gran líder revolucionario que los condenaba, y sobre las
prédicas en torno al precio del error o de la traición a la causa. Y refle-

xionaron en torno a la trágica tontería de no haber previsto a donde conduce el conceder a un líder todos los derechos, incluso el de decidir qué es la causa y quiénes son traidores a la causa.

En enero de 1945, en la Alemania nazi, un grupo de oficiales fue condenado a muerte «por cobardía frente al enemigo». Los oficiales habían defendido heroicamente el acceso al único puente sobre el Rin capturado intacto por las tropas norteamericanas, el puente Lunderdoff, en Remagen. La orden de volar el puente no se había podido cumplir porque la dinamita enviada era de pobre calidad. Pero al Führer nada de eso le interesaba. El puente había sido capturado, los oficiales tenían que morir.

Frente al pelotón de fusilamiento, se le ofreció al capitán, aún herido por su defensa del puente, un último cigarrillo. En ese momento voló por sobre el grupo una formación de bombarderos aliados. El oficial que dirigía al pelotón de fusilamiento comentó, «Aviones enemigos». El capitán que estaba a punto de morir lanzó una última bocanada de humo y un rasgante comentario: «¡Ah!, pero ¿quién es el enemigo?»

La única respuesta del otro oficial fue tornarse hacia el pelotón de fusilamiento y dar las apropiadas órdenes.

«Tiraron. ¿Cómo fue que pudieron tirar?
Mataron. ¿Cómo fue que pudieron matar?
Eran cuatro soldados
y les hizo una seña
bajando su sable un señor oficial».

Como el oficial alemán en Remagen, como tantos otros fanáticos que se pliegan a la voluntad de un líder inapelable, como innumerables camaradas que los han precedido en el camino a la ejecución, el general Ochoa, «héroe de la revolución», y sus compañeros saben ya quién es el enemigo. Son ellos mismos, y su líder, y la ceguera que los encadenó al líder. Quienes los mataron, obedeciendo al gran líder, perpetuaron la cadena infamante.

*«Eran cuatro soldados
que estaban atados,
lo mismo que el hombre amarrado
que fueron los cuatro a matar».*

EL POETA

«Si pregunta por mí...
di que me he muerto».

U n amigo latinoamericano, que ama de antaño a Cuba y a su gente, me narró un singular episodio que le ocurrió con ocasión de un viaje a la Isla. La trágica historia merece difusión.

Años antes de su viaje a Cuba, en un país de la América Hispana, y no quiero precisar fechas ni lugares, mi amigo había conocido a un poeta cubano joven, comunista convencido, que dirigía en La Habana una revista dedicada al estudio crítico del pensamiento marxista. Firme demócrata, mi amigo se enzarzó con el cubano en largas pero amables polémicas. Y se quedó impresionado con la amplia cultura y la no dogmática postura con la que el joven comunista defendía sus puntos de vista. Algo debe andar bien en la Cuba de Castro, llegó a pensar mi amigo, cuando es capaz de producir este tipo de marxista sagaz e independiente.

Tras ese contacto inicial, los dos mantuvieron correspondencia y continuaron intercambiando ideas. El correo, naturalmente, limitaba los temas. El tono se mantuvo a niveles lo suficientemente teóricos como para evitar que el joven cubano pudiera caer en situaciones riesgosas bajo el régimen castrista.

Unos dos años más tarde, la correspondencia se interrumpió súbitamente. Vanos fueron los esfuerzos del latinoamericano por reanudarla. Las cartas le eran devueltas sin abrir, con un breve y ominosos cuño, «destinatario desconocido».

Posteriormente, y por ser mi amigo figura prominente en su país, recibió invitación oficial para ir a Cuba a participar en un evento internacional. Aprovechando su condición de invitado del gobierno cubano, el latinoamericano indagó repetidas veces por su amigo cubano. Recibió vagas respuestas. Se le dijo que «el compañero estaba en el interior del país», que andaba «muy ocupado en funciones oficiales», que «era muy difícil de localizar».

El latinoamericano insistió, e incluso se ofreció a ir por su cuenta a la localidad donde le dijeran que estaba su amigo. Al fin los funcionarios cubanos le ofrecieron que se iba a hacer lo posible por localizar al «compañero». Al día siguiente el amigo cubano lo llamó por teléfono y concertó una entrevista.

El joven poeta llegó visiblemente nervioso. La entrevista se desarrolló en un café al aire libre, pero el «compañero» miraba sigilosamente en derredor y se expresaba en frases cortas. Sentía mucho no haber mantenido la correspondencia, pero andaba por el interior del país en tareas oficiales. Todo estaba bien. Trabajaba en una factoría y había recuperado sus raíces proletarias. No tenía quejas. Estaba feliz.

«Pero ¿qué pasó con la revista?», le preguntó el latinoamericano.

El cubano contempló al horizonte.

«La revista era demasiado intelectual. Yo había caído en un error pequeño burgués y me había vuelto elitista. Al compañero Fidel le bastó hojear un día un número de la revista para percatarse de inmediato de la falla. La revista fue suprimida. Digo, se dejó de publicar tras una sesión de autocrítica en el Consejo de Directores. Todos estábamos de acuerdo con Fidel, habíamos cometido un grave error de elitismo».

El joven comunista bajó la vista.

«Como dice el compañero Fidel, el socialismo es mucho más que teoría o intelectualismo, es la práctica constante del vivir proletario. Por eso yo estoy contento de haberme integrado a una fábrica para despojarme de mis conceptos pequeño-burgueses».

«¿En qué tipo de fabrica trabajas?», demandó el latinoamericano. El cubano no alzaba la vista. La respuesta fue casi un susurro.

«Fabricamos suelas de zapatos».

El latinoamericano no supo que decir. Su amigo cubano había caído en un sombrío silencio.

Al rato el joven se puso de pie. Su mirada seguía ausente.

«Oye», dijo a media voz, «de verdad te agradezco mucho el interés que has mostrado, pero no te preocupes, yo estoy fenómeno». Estrechó la mano del latinoamericano e hizo ademán de irse. Se interrumpió a mitad del movimiento y se volvió hacia su amigo.

«Mira, yo tengo que volver a mi fábrica. Nada más vine a verte. Pero no creo que pueda volver. Hay mucho trabajo en la fábrica y estamos en un período de esfuerzo. Tú comprendes. Prometo escribirte».

Todavía vaciló un momento más, y añadió con una sonrisa melancólicamente irónica. «Posiblemente alguien querrá saber qué conversamos... Si pregunta por mí... di que me he ido, y que trabajo como las hormigas».

Y se fue sin tornar la cabeza.

Hombre sensible, mi amigo latinoamericano intuyó el profundo dolor que se ocultaba en las palabras del joven poeta, pero no pudo medir la plenitud del desgarrador mensaje que el joven cubano le dejaba. Mi amigo no conocía el poema «Nocturno y Elegía» de Emilio Ballagas. Aquél que comienza:

«Si pregunta por mí, di que me he muerto y que me pudro bajo las hormigas...»

Y UN SUEÑO

SI YO VOLVIERA A
UNA CUBA LIBERADA

No me detendría en La Habana, ni a sacudirme el polvo del camino, ni a participar en celebraciones. Tomaría un coche de agua negra y me iría a Santiago de Cuba por un túnel de silencio. Me detendría a hincar mi agradecimiento frente a la Caridad del Cobre. Volaría a visitar la tumba de mis padres, y lloraría allí, calladamente por los años que me arrebataron lejos de ellos; y por el trágico destino que me impidió compartir sus últimas alegrías y suavizarles la tristeza de la despedida final.

Me desplazaría al parque de la Catedral, para mezclarme con la multitud y quemarme las palmas aplaudiendo cuando, con manos trémulas pero orgullosa postura, Luis Casero, el más legítimo de nuestros alcaldes, ice en el Palacio del Ayuntamiento una bandera cubana, enorme y solitaria, desplegada sobre las notas del Himno de Bayamo.

Aplaudiría otra vez, cuando oradores jóvenes y entusiastas proclamen el inicio de una era de confraternidad y esperanza para el pueblo de Cuba. Me ofrecería de voluntario para cualquier proyecto donde alguien creyera que mi ayuda pudiera ser útil. Y sugeriría, enfáticamente, que nadie mencionara a Martí, hasta que no hayamos hecho obra fecunda que adorne su memoria.

Haría una pausa para dedicar un personal recuerdo a «Mon» Corona, gobernador y patriota, cuya sonrisa iluminaba a Santiago, y quien murió de tristeza en el exilio. A Carlos González Palacios, al Padre Tejedor, a Juan Cros Arrue, y a todos los maestros y amigos de los cuales aprendí, y con los que compartí, libros e ideas.

Caminaría despacio las calles intrincadas que conozco y venero, dejando correr la mano por las paredes de las casas y edificios que forman la arquitectura de mis recuerdos: el Club San Carlos, la antigua casa de mi familia en Heredia y San Félix, la Casa de Heredia, el Colegio Dolores... Y continuaría mi lento peregrinar hasta Vista Alegre, donde, por un momento, me imaginaría que es posible soplar el polvo de décadas, para ver de nuevo a aquel tropel de muchachos y muchachas que recorrían la Avenida, con los entusiasmos al viento, ajenos al fiero huracán socialista que había de dispersarlos por el mundo.

Organizaría una ferviente petición pública para que el glorioso nombre de Oriente sea restituido y resplandezca de nuevo en los mapas, aunque fuera reducido, geográficamente, a lo que siempre fue el corazón de la provincia, Santiago, Bayamo, Palma Soriano y Manzanillo.

Me dedicaría a organizar comparsas que enarbolaran escobas como símbolos de carnaval, para que el siguiente 26 de Julio volviera a ser fiesta tradicional, llena de música y ritmo, alegre y fraternal, capaz de borrar los odios, y los recuerdos oscuros de barbudos fratricidas, de proclamas, paredones y guerras.

Tomaría un bote y recorrería la bahía, deteniéndome en lugares que me son como un rosario de placenteros recuerdos, Renté, Punta Gorda, Cayo Smith, la Socapa, Ciudamar. Y treparía al castillo del Morro para contemplar por largo rato la enorme silueta de la Sierra Maestra, que debió haber sido, y no fue, maestra de libertades, y al viejo Mar Caribe cuya indiferente belleza ha visto pasar y hundirse violencias, como pasan y se hunden sus olas frente al roquedal del Morro.

Me retiraría a una pequeña casa en La Socapa, de cara al mar y a las montañas, donde recibiría a los peregrinos que, como los veteranos sureños que pasaban por Tara, regresen a reconstruir lo que el viento se llevó. Tomaría notas de sus cuentos y aventuras para recogerlas en un libro. Y, rodeado de mis autores favoritos, prohibiría que en mi casa se discutieran temas más recientes que la guerra que los melenudos aqueos libraron contra Troya. O el relato de las aventuras del intrépido Odiseo, «fecundo en ardides», en su largo viaje de regreso a Itaca, su amada isla.

Y todos los atardeceres, frente al mismo horizonte que conocí de niño, le rogaría, a todos los dioses, que jamás retornen a nuestras costas las nubes del odio, y que a los habitantes de mi Itaca, mi isla bien amada, también les sea dado encontrar paz y bienestar, tras su larga y terrible odisea.

EPÍLOGO CON UN PROFETA

Este es, sin duda, el artículo más popular que
he escrito en mi vida. Con risueña sorpresa ha llegado a mis manos traducido al inglés, reproducido en
revistas y aun citado en un sesudo tratado de
Sociología. Pero también lo he visto circular mutila-
do y, grande villanía, anónimo o con nombres extraños. Para remediar tales agravios, lo reproduzco aquí
en su forma original y definitiva.

HE AQUÍ QUE «EL PROFETA»
HABLA DE LOS CUBANOS

Desde una roca en el puerto, El Profeta contemplaba la blanca
vela de la nave que a su tierra había de llevarlo. Una mezcla de
tristeza y alegría inundaba su alma. Por nueve años sus sabias y amoro-
sas palabras se habían derramado sobre la población. Su amor lo ataba
a esa gente. Pero el deber lo llamaba a su patria. Había llegado la hora
de partir. Atenuábase su melancolía pensando que sus perdurables
consejos llenarían el vacío de su ausencia.

Entonces un político de Elmira se le acercó y le dijo: Maestro, háblanos de los cubanos.

El Profeta recogió en un puño su alba túnica y dijo:

«Los cubanos están entre vosotros, pero no son de vosotros. No intentéis conocerlos porque su alma vive en el mundo impenetrable del dualismo. Los cubanos beben de una misma copa la alegría y la amargura. Hacen música de su llanto y se ríen con su música. Los cubanos toman en serio los chistes y hacen de todo lo serio un chiste. Y ellos mismos no se conocen».

«Nunca subestiméis a los cubanos. El brazo derecho de San Pedro es cubano, y el mejor consejero del Diablo es también cubano. Cuba no ha dado ni un santo ni un hereje. Pero los cubanos santifican entre los heréticos, y heretizan entre los santos. Su espíritu es universal e irreverente. Los cubanos creen simultáneamente en el Dios de los católicos, en Changó, en la charada y en los horóscopos. Tratan a los dioses de tú y se burlan de los ritos religiosos. Dicen que no creen en nadie, y creen en todo. Y ni renuncian a sus ilusiones, ni aprenden de las desilusiones».

«No discutáis con ellos jamás. Los cubanos nacen con sabiduría inmanente. No necesitan leer, todo lo saben. No necesitan viajar, todo lo han visto. Los cubanos son el pueblo elegido... de ellos mismos. Y se pasean entre los demás pueblos como el espíritu se pasea sobre las aguas».

«Los cubanos se caracterizan individualmente por su simpatía e inteligencia, y en grupo por su gritería y apasionamiento. Cada uno de ellos lleva la chispa del genio, y los genios no se llevan bien entre sí. De ahí que reunir a los cubanos es fácil, unirlos imposible. Un cubano es capaz de lograr todo en este mundo menos el aplauso de otros cubanos».

«No les habléis de lógica. La lógica implica razonamiento y mesura, y los cubanos son hiperbólicos y desmesurados. Si os invitan a un restaurante, os invitan a comer no al mejor restaurante del pueblo, sino «al mejor restaurante del mundo». Cuando discuten, no dicen «no estoy de acuerdo con Ud.», dicen «Ud. está completa y totalmente equivocado».

«Tienen una tendencia antropofágica. «Se la comió», es una expresión de admiración, «comerse un cable», señal de situación crítica y llamarle a alguien «comedor de excrementos», es su más usual y lacerante insulto. Tienen voluntad piromaníaca, «ser la candela» es ser cumbre. Y aman tanto la contradicción que llaman a las mujeres hermosas «monstruos» y a los eruditos «bárbaros»; y cuando se les pide un favor no dicen «sí» o «no», sino que dicen «sí, cómo que no».

«Los cubanos intuyen las soluciones aun antes de conocer los problemas. De ahí que para ellos «nunca hay problema». Y se sienten tan grandes que a todo el mundo le dicen «chico». Pero ellos no se achican ante nadie. Si se les lleva al estudio de un famoso pintor, se limitan a comentar «a mí no me dio por pintar». Y van a los médicos, no a preguntarles, sino a decirles lo que tienen».

«Usan los diminutivos con ternura, pero también con voluntad de reducir al prójimo. Piden «un favorcito», ofrecen «una tacita de café», visitan «por un ratico», y de los postres sólo aceptan «un pedacitico». Pero también a quien se compra una mansión le celebran la «casita» que adquirió, o «el carrito» que tiene a quien se compró un coche de lujo».

«Cuando visité su Isla me admiraba su sabiduría instantánea y colectiva. Cualquier cubano se consideraba capaz de liquidar al comunismo o al capitalismo, enderezar a la América Latina, erradicar el hambre en África y enseñar a los Estados Unidos a ser potencia mundial. Y se asombran de que las demás gentes no comprendan cuán sencillas y evidentes son sus fórmulas. Así, viven entre ustedes, y no acaban de entender por qué ustedes no hablan como ellos».

Había llegado la nave al muelle. Alrededor del Profeta se arremolinaba la multitud transida de dolor. El Profeta tornose hacia ella como queriendo hablar, pero la emoción le ahogaba la voz. Hubo un largo minuto de conmovido silencio. Entonces se oyó la imprecación del timonel de la nave: «Decídase, mi hermano, dése un sabanaso y súbase ya, que ando con el 'schedul' retrasao».

El Profeta se volvió hacia la multitud, hizo un gesto de resignación y lentamente abordó la cubierta. Acto seguido, el timonel cubano puso proa al horizonte.

HE AQUÍ QUE «EL PROFETA» HABLA DEL RETORNO A CUBA

En cuclillas, a orillas del mar, el Profeta escribía extraños símbolos en la arena, y observaba como las olas borraban lentamente los trazos. Entonces un grupo de cubanos se le acercó y uno de ellos le dijo «Maestro, háblanos de cuándo regresaremos a Cuba».

El Profeta se irguió y habló suavemente:

«Ustedes no están en Cuba, pero Cuba está en ustedes. Cuba es un dolor y una alegría. Aférrense a ese dolor, porque en él están las raíces de su pueblo, cultiven esa alegría porque ella es el canto perenne de ese pueblo. Donde quiera que ustedes estén, el sufrimiento los hermana; donde quiera que ustedes canten, canta la esperanza del pueblo. Ustedes son una ola en el mar infinito de la patria. ¿Por qué preocuparse tanto por el «cuándo van a volver», si ustedes no saben cuándo van a morir?

«Ustedes se afanan todos los días en sus menesteres, y hacen planes de futuro y no se preocupan de cuando el viento negro les ha de borrar el semblante. Trabajen con igual fervor por el retorno a la patria y no se preocupen por cuando ha de llegar la hora del retorno. ¿O es que el amor tiene una cuota de tiempo y la esperanza un término fijo, y el deber un plazo limitado? Cumplid la cuota de deber de cada día y cada día acercaréis el futuro. Pero no le pidáis al futuro que os señale fecha fija.

«Vivan con la ilusión del regreso, pero no crean que van a regresar a la ilusión. Las arenas del tiempo caen inexorablemente, y nadie retorna a su pasado o a su juventud. Hubo una Cuba antes de ustedes y habrá una Cuba después de ustedes, pero la que ustedes conocieron y disfrutaron no la han de encontrar jamás. Ella vive en vuestro recuerdo y sólo en vuestro recuerdo. Porque no sólo ella sino también ustedes han cambiado para siempre».

«Aprendan la parábola de una madre prudente. Un día le dijo su hijo: «Madre enseña a mi esposa a hornear el pan, porque nunca el que ella hace me sabe como el que tú me hacías». Y la madre prudente le respondió: «Ni yo ni nadie puede cocinarte ese pan, hijo mío. Porque yo lo horneaba para un muchacho de doce años que ardía en apetito e ilusiones, y tú eres ahora un hombre de treinta volcado en el trabajo y las preocupaciones. Yo puedo ofrecerte el mismo pan, pero no devolverte la energía y la voracidad de los doce años. Vuelve a tu esposa y aprende a saborear el pan de los treinta».

«Cuidad de vuestros hijos, y no permitáis que la ilusión del regreso se convierta en niebla que os separe de ellos. Ellos marchan detrás de ustedes, pero su visión cabalga a la vanguardia de ustedes. Y el futuro de la caravana está en aquellos que sepan mirar con ojos firmes el mañana. Porque muchos cubanos han ayudado y van a ayudar al regreso, aun cuando ellos mismos no puedan regresar. Y en ellos alienta el verdadero amor a la patria. Pues ¿quién tiene más mérito, aquél que trabaja esperando una pronta recompensa o aquél que se sacrifica sin esperar recompensa? ¿quién siembra preocupándose sólo por cuando ha de recoger la cosecha, o quién siembra ocupándose sólo de que la semilla quede bien plantada para que la cosecha sea fecunda y a todos aproveche?»

«Trabajad cada día para que haya una amplia y generosa cosecha. Sembrad para que crezca un árbol que dé sombra a los cubanos del presente y del futuro. Y no os preocupéis del cuándo. Porque el futuro va a ofrecer un rostro diferente a cada uno de ustedes y sólo los dioses conocen como ha de ser el perfil del mañana».

Y el Profeta se inclinó sobre la arena y volvió a trazar rasgos lentos y a observar como las espumas de las olas barrían lentamente la huella de sus trazos.

EN BUSCA DE...

EL FACTOR RACIAL Y EL FUTURO DE CUBA[84]

C omencemos por desenvainar un dato como se desenvaina una espada: por lo menos el 40% de los cubanos en la isla son negros, el 95% de los exiliados son blancos. De ese dato fundamental apenas si se habla. Sin embargo, la radicalidad del mismo debería permear todas las perspectivas sobre Cuba. ¿Qué plan, qué programa, qué diálogo se puede proyectar sobre la isla sin tomar en consideración los derechos y aspiraciones de esa mayoría de cubanos no blancos? Decir que esa cifra no importa, que el prejuicio racial no existe entre nosotros, que todos somos cubanos y que Maceo y que Guillermón Moncada son nuestros héroes, es cubrir la cuestión con una retórica parecida a la de Castro. Fidel afirma que la Revolución ha eliminado la discriminación racial en Cuba. Fidel miente. A pesar de ciertas mejorías en las relaciones raciales, en el Buró Político, en la alta oficialidad de las Fuerzas Armadas, en los cuadros superiores del régimen, los negros siguen siendo menuda minoría. Y el prejuicio racial sobrevive en Cuba. Me contó una vez Carlos Moore, autor de un libro interesante, *Castro, The*

---

[84] Publicado en *El Nuevo Herald*, Miami, 11 de mayo de 1996.

Blacks and Africa, que una joven socióloga negra le preguntó al comandante Juan Escalona sobre el prejuicio racial en Cuba. Escalona recitó la usual propaganda del régimen. La joven insistió: «Comandante, ¿a usted no le importaría que una hija suya se casara con un negro? El comandante arguyó que esa era una pregunta «imperialista» y que la Revolución había eliminado el prejuicio... etc., etc. La socióloga no se dio por vencida. «No le estoy preguntando a la Revolución, ni al régimen, a usted Comandante, personalmente. ¿Le importaría que su hija se casara con un negro?» Escalona repitió el disco oficial y la joven repitió la pregunta. Al fin exasperado, el comandante Escalona dijo aceradamente: «Mire doctora, ni aunque Fidel me lo ordenara».

La respuesta hará sonreír a muchos exiliados blancos. ¡Ah, La hipocresía de los comunistas! Pero ¿cuántos por acá responderían de otra forma a esa pregunta? ¿Cuántos exiliados están dispuestos a aceptar las relaciones inter raciales? ¿Cuántos abrirían ampliamente las puertas a una verdadera igualdad económica y social?

La respuesta a tales preguntas es sumamente difícil. En el exilio apenas si se han realizado estudios sobre la actitud de los cubanos ante el factor racial y se ha publicado una obra maestra en cuatro volúmenes, *Cultura Afrocubana*, por Jorge e Isabel Castellanos (Ediciones Universal). Pero me temo que no muchos cubanos la han leído y que la escasa presencia de cubanos negros en el exilio y el contacto con el problema racial en Estados Unidos, ha endurecido en muchos cubanos lo que comenzaba a ser en Cuba, hasta el año 1959, una progresiva y sana apertura a la comunidad negra.

Lo cual nos lleva a una de las más radicales significaciones que tiene el dato con el que comencé este artículo. Los exiliados se fueron de una Cuba donde los negros eran una minoría relativamente marginada, silenciada y silenciosa. Hoy en día la población de color es amplia y sigue luchando por una mayor integración en la sociedad.

Esa lucha, esa mayor percepción de su contribución a la historia de Cuba y un nuevo sentido de orgullo racial, lo logró Castro, sin realmente proponérselo, al centrar su política exterior en África. Las intervenciones en Etiopía y en Angola, el ir y venir de soldados cubanos negros, lal llegada a Cuba de embajadores y estudiantes africanos, revitalizó entre los negros cubanos su concepto de raza y la dignidad de sus raíces.

Al mismo tiempo, la debilidad de la Iglesia Católica en la isla facilitó la expansión y el afianzamiento de las religiones y las lenguas africanas, principalmente la yoruba. Tal expansión alarmó al régimen totalitario castrista, para el cual toda quiebra de la unanimidad es peligrosa. Pero luce que la campaña represiva contra las sociedades religiosas negras haya tenido éxito.

La vitalidad de esa presencia negra en Cuba significa que la población en la isla y la del exilio han evolucionado en opuestas direcciones. Mientras en Cuba la población se ha africanizado, en el mejor sentido de la palabra, en aceptación y cohesión, los exiliados se han «blanqueado», en el peor sentido de la palabra, en lo que tiene de cerrazón y paternalismo prejuiciado.

Ahora bien, pensar en volver a Cuba con el «suave» prejuicio racial de antes de la revolución implica cegarse a los cambios que han tenido lugar en el mundo y en la isla. La Cuba de hoy y del mañana dista mucho de ser la plácida Cuba de los años cincuenta. Es urgente realizar un examen profundo de nuestras actitudes raciales colectivas para comenzar a superar aquí, *hic et nunc*, los profundos prejuicios raciales que aún abrigamos en el consciente y en el subconsciente. De no hacerlo estaríamos siguiendo un curso injusto que nos llevaría a chocar con la mayoría de la población cubana.

EL MIEDO A LA VERDAD[85]

« El hombre no puede vivir de la historia, que es lo mismo que vivir del cuento; se necesitan bienes materiales, satisfacer su espiritualidad y –de hecho– poder mirar el futuro con expectativas, pero además, un espacio que todos conocemos como libertad». Con esas nobles palabras, respaldadas por el heroico coraje de los firmantes, inician los disidentes su documento «La Patria es de todos». En esas páginas, con la lógica como único instrumento, desmantelan, párrafo por párrafo y línea por línea, el Proyecto Documento elaborado por el Partido Comunista para que sea tema de «discusión» en el próximo V Congreso del Partido Comunista de Cuba.

Los miembros del Grupo de Trabajo de la Disidencia Interna, Félix Antonio Bonne Carcassés, René Gómez Manzano, Vladimiro Roca Antúnez, y Marta Beatriz Roque Cabello, no arriscan en su estudio el tono del lenguaje, ni amenazan a nadie, ni recurren a insultos. Plantean las tesis del documento del Partido Comunista, sobre todo las

---

[85] Publicado en *El Nuevo Herald*, Miami, 24 de julio de 1997.

que se refieren a la historia de Cuba, las examinan y demuestran con válidos argumentos su falsedad. Todo se reduce a un encuentro entre la mentira de la propaganda y la verdad de la historia.

La diferencia básica es que la mentira tiene a su lado el poder del Estado y la verdad sólo la fuerza que emana de ella misma. Incapaz de responder o discutir el análisis de los disidentes, la mentira acudió a su usual y único argumento: la fuerza. Los osados que firmaron el documento fueron arrestados.

Ahora bien, ni el más encallecido dictador arresta a unos disidentes sólo por ser disidentes. Como en la vieja fábula de un lobo hambriento y un inofensivo cordero que bebían agua en las márgenes de un río, la ferocidad necesita excusas. «Te voy a comer porque me estas ensuciando el agua», gruñó el lobo. «¿Cómo va a ser posible si tú estás bebiendo corriente arriba?», respondió el cordero, «Sí, pero ahora me acuerdo que me insultaste el año pasado» respondió la fiera.» ¿Cómo va a ser posible si yo nací hace tres semanas?» adujo el cordero «¡Ah!» gruñó el lobo «hora me estás ofendiendo llamándome mentiroso» y de un salto se engulló al cordero.

En forma parecida reaccionó el gobierno cubano ante la verdad. La protesta internacional por el atropello cometido lo obligó a buscar pretextos. Los voceros del régimen contestaron «¡oh no! no los hemos detenidos por disidentes sino porque estaban mintiendo sobre la situación de la economía cubana» «Y desde cuando una mentira sobre la economía, cuya falsedad se puede demostrar con argumentos, merece que el mentiroso dé en un calabozo» respondió teóricamente la prensa internacional. «¡Ah!, no, no fue por eso solo», explicó el régimen, «sino porque también estaban amenazando a inversionistas extranjeros». «¿Y algún inversionista extranjero denunció esas amenazas o decidió no invertir en Cuba porque le habían hablado los disidentes?» indagó la prensa libre. «No, pero no es eso solo», agregó la prensa lacaya «es que ese grupúsculo estaba tratando de perturbar las próximas elecciones en la isla».

«¿Y como puede un grupúsculo que vive vigilado perturbar a unas elecciones que todavía no se han realizado?», demandaron las instituciones internacionales. Los lacayos se quedaron mudos por un momento y luego alguien les hizo una seña y continuaron. «Es que además tenemos pruebas de que estos individuos tenían contactos con agrupaciones terroristas ubicadas en los Estados Unidos y planeaban subvertir el ordenamiento jurídico e institucional de la república y soñaban con envenenar al Río Almendares, y cantaban canciones subversivas como el Himno de Bayamo, y compraban mucha más comida de la que necesitaban para que el resto del pueblo pasara hambre, y le decían a todo el mundo que el Comandante en Jefe es el culpable de todo».

«¿Y si eso es así, por que no hicieron ustedes estas denuncias desde el mero principio?», inquirió escépticamente un miembro de la Comisión de Derecho Humanos. Los lacayos quedaron de nuevo en silencio. «Bueno, la verdad es que no nos habían dado instrucciones claras» respondió uno de ellos. El que estaba al lado le dio un codazo. El hombre reaccionó de inmediato, «De todas formas», dijo agresivamente, «Aquí lo importante es que tenemos pruebas de todo lo que decimos y estos tipos van presos».

Pero los presos no están solos. El lobo puede hacer mucho daño, pero tiene que tener cuidado con sus mandíbulas. Porque todo el mundo sabe que la verdad y la dignidad son las que están presas en Cuba. Y la verdad tiene su propia fuerza.

EL FIN Y EL PRINCIPIO[86]

Antes de examinar la circunstancia cubana de hoy, indagando los caminos que, a mi juicio, se abren ante ella, comienzo por confesar que abrigo la razonable convicción de que no volveré a Cuba jamás y que mis huesos se harán polvo bajo la amable tierra norteamericana. Viniendo de un individuo que nació en Manzanillo, aprendió a nadar en Cárdenas, se deslumbró de niño con las Parrandas de Remedios, y se educó en Santiago de Cuba, absorbiendo cubanía en cada latido, ese renunciamiento trae una nube de pesar. Pero la pena individual no cuenta mucho cuando se trata del dolor y la esperanza de un pueblo. La aceptación del no regreso me permite, además, juzgar al proceso cubano con pupilas no empañadas por el apasionamiento, la ambición o el sueño del retorno. Ello no me salva de caer en el error, pero sí me ayuda a ver la realidad como es y no como yo quisiera que fuera.

El primer resalto que me ofrece el paisaje cubano es la permanencia de Fidel Castro. Nadie lo va a derribar. Ahí estará, clavando las

---

[86] Publicado en *El Nuevo Herald*, Miami, 18 de febrero de 1998.

garfas en el poder, arrastrando al pueblo hacia el fondo, hasta que el flaco cuerpo le corte las amarras biológicas y entre en la prehistoria. Hace diez años, tal afirmación hubiera alzado acusaciones de pesimismo. Pero hoy no creo que tal sea el caso. Ayer el camino por andar era más largo y se requerían energías, reales o retóricas, para enfrentarse al Comandante con una esperanza de éxito. Hoy es preciso aceptar que la capacidad del exilio para derrumbar a Castro es nimia. Pero, a manera de compensación, el tiempo de espera para el cambio se ha reducido a años. Cualquier cubano que tenga sesenta años, o menos, puede jugar contra el dictador en la ruleta del tiempo.

La afirmación sobre la permanencia de Castro o la noción del no regreso personal, no implica, ni remotamente, abandonar la lucha por liberar a Cuba. Ni el amor a la patria tiene plazo fijo, ni la liberación de Cuba va a ser fácil aún después que el Líder se esfume en el tiempo. De ahí la necesidad de trascender al Comandante y fijar la mirada en los riesgos y las trampas que han de surgir cuando Fidel Castro se desvanezca. Porque es cierto que la primera gran batalla la ganó el Comandante y la perdió el pueblo cubano. Pero también es cierto que la guerra no ha terminado. Y que la segunda gran batalla, la que ha librarse contra los que pretendan ampararse en la sombra de Fidel para estructurar un gobierno de sombras que los salve, está a punto de comenzar. A pesar, de las apariencias de desunión y desconcierto, el exilio está hoy mucho mejor preparado para lograr la victoria en el segundo enfrentamiento.

En primer lugar, sin Fidel el enemigo queda al pairo. El Comandante es un genio del mal; es el mejor manipulador político que ha llegado al poder en toda la historia de la América Latina. Pero su capacidad para paralizar a un pueblo o para lograr la mayor positividad frente a hostiles circunstancias, termina con él. Ninguno de sus potenciales «sucesores» le llega al polvo que él pisa. En segundo lugar, aun cuando estuvieran dotados de grandes talentos políticos, los presuntos herederos de Fidel se van a enfrentar a una doble bancarrota: la económica y la ideológica. Mucho ha cambiado el mundo desde que Castro, voluntariamente, unció a Cuba al yugo comunista. En aquella época, la Unión Soviética había lanzado al espacio al «Sputnik», la vasta mancha roja parecía expandirse con acentos de futuro, y el marxismo-leninismo era todavía considerado como una teoría seria. Hoy en día, esa Cuba que va a asomar el lívido y ensangrentado rostro por sobre las ruinas del castrismo, así como el gobierno que pretenda mantener al pueblo atado a un socialismo momificado, se va a dar de bruces con un mundo donde reinan el capitalismo y la democracia, y donde no rublos salvadores que permitan ocultar la quiebra de la economía. Ni tampoco le puede ofrecer a la juventud del país, hambrienta de futuro, un polvoriento marxismo desechado por la realidad.

Esa debilidad de la estructura del poder «sans Fidel», es la que le brinda al exilio cubano la posibilidad de contribuir, ayudando o rechazando, a que ese gobierno fantasma le tenga que dar paso a un gobierno de transición que abra a Cuba al mundo y conduzca hacia una difícil pero posible democracia. El final de una era es el principio de otra. Vale la pena examinar, en otro artículo, el perfil de los contendientes en esa segunda y decisiva batalla.

CUBA: DE LA FARSA A LA REALIDAD[87]

P or bien fuertes razones, muchos exiliados cubanos andan en estos días inmersos en una nube de desaliento y pesimismo. De acuerdo con una razonable perspectiva, la fórmula Papal, lanzada al viento hace más de cien días, «que el mundo se abra a Cuba y que Cuba se abra al mundo» (¿y por qué no «que Cuba se abra a Cuba?) parece haberse convertido en ruta de una sola vía. Las entusiasmadas olas internacionales que bañan hoy al malecón habanero no han logrado, ni parecen empeñadas en lograr, que Fidel Castro abra una fisura en su régimen dictatorial. Ginebra liberó a Castro de seguir recibiendo denuncias internacionales por su vigente política de violar los derechos humanos. Y los pobres seres humanos que se escaparon de Cuba hacia las Bahamas han sido devueltos a su opresor.

Ante tales resonancias, no es hora de alzar falsos optimismos, o de ampararse en la retórica de que un pueblo combativo y digno, el pueblo de Martí y de Maceo, no ha de tolerar por largo tiempo el yugo

---

[87] Publicado en *El Nuevo Herald*, Miami, 24 de mayo de 1998.

de una tiranía. Los hechos hunden tal premisa. La dictadura va a cumplir pronto cuarenta años en el poder, y, por las razones que sean, miedo, inercia, hambre, lealtad, o temor a todo cambio, en el horizonte de la isla sólo se percibe una enorme e inmóvil nube gris, donde destellan heroicas chispas de resistencia. Como decía Hamlet, todo lo demás es silencio.

Mirar de frente a esa oscura realidad permite, sin embargo, destacar algunos aspectos que sirven para balancear la perspectiva. Para ello conviene distinguir entre la popularidad y el poder real de un líder. Obviamente, fuera de Cuba, Fidel Castro despierta una enfermiza popularidad, pero, por muy nauseante que sea ese espectáculo, esa popularidad ni le añade poder, ni le resuelve los problemas básicos de su régimen. Las demostraciones, en Suiza o en Buenos Aires, pueden responder a la mediocridad política dominante en el mundo o a una malsana curiosidad colectiva. Fidel es el sobreviviente de otra era, es el último staliniano, es el símbolo de un pasado que no hace mucho era presente. Nada más. Ahora bien, ¿en qué mejora la situación del régimen castrista el que un grupo de obsequiosos banqueros suizos, famosos por su metódica devoción a la usura, le reservaran a Fidel Castro la misma habitación que usó el «Ché» Guevara? ¿Qué significa esa farsa? ¿Es que hay algún peligro de que esos caballeros, susurrantes guardianes del oro mundial, se conviertan en tardíos marxistas o de que, fascinados por las ideas de Castro, le ofrezcan a nuestro Rasputín un cuantioso y generoso empréstito? No. No existe el menor riesgo. Como muchos europeos, los banqueros suizos, se acercan a Fidel para ver al último fantasma de un imperio que hace una década los amenazaba y que hoy yace sobre el ensangrentado polvo de la historia. Observemos que Castro, asediado por capitalistas y «demócratas», ha eludido el visitar a sus antiguos aliados socialistas en la Europa del Este. Ni él quiere ver lo que han logrado esos países después de su liberación, ni esos pueblos ignoran el látigo de bronce que se oculta tras las barbas marxistas de Castro.

De ahí que sea fecundo desviar la atención de los gestos y ademanes del Gran Líder para fijar la vista en los hondos problemas que se ahondan en la Cuba de hoy y que son los que van a definir su futuro. La infraestructura económica del régimen está tan depauperada que la zafra azucarera sigue cuesta abajo, no importa a quién sustituyan o a quién responsabilicen por ella. El desempleo real aumenta. La crisis moral se expande. Y la construcción de hoteles turísticos contribuye a dividir a la población, a esclavizar a los obreros y a incrementar los males sociales. Nada de eso ofrece margen al optimismo sobre el porvenir, pero, al menos, obliga a estudiar la realidad, y a intentar encontrar remedios para los enormes abismos que sobrevivirán a la ausencia de Rasputín. Lo cual, por lo pronto, me parece más útil que descorazonarse porque en la OEA el inefable Cesar Gaviria entone cantos de bienvenida a Fidel Castro o trece banqueros suizos aplaudan al último fantasma del estalinismo

EL TERRIBLE PESO DE UN CRIMEN[88]

H ace días vivo con un peso inerte sobre la espalda del alma. Se lo debo a una mujer. A una mujer, recta como una espada, que, sepultada en una prisión, por reclamar con tres cubanos que «La patria es de todos» y rechazar la mentira oficial, ha decido morirse de hambre. Y no puedo hacer nada por ella. Hace tiempo, cuando ella podía luchar por la libertad de su pueblo, soñaba con irla a ver, a ella y a sus compañeros, para abrazarlos y decirles todo lo que todos les debemos. Es la fraternal sensación que me une a los cubanos que hablan por radio, o esgrimen argumentos para cambiar el presente, o alzan voces disidentes, o simplemente se quedan absortos y ausentes, como esos jóvenes cubanos, tan delgados como sus bicicletas, que aparecen en los documentales, con la indiferente expresión de quienes desdeñan la farsa circundante. Quisiera conocer sus experiencias, sus visiones del mundo, y sus encadenadas esperanzas. Pero el tiempo vuela y las escuálidas horas me van hurtando tales sueños.

---

[88] Publicado en *El Nuevo Herald*, Miami, 6 de septiembre de 1999.

Pienso entonces en acudir a los poderosos de la tierra, y apelar a los que han sufrido oprobios, para pedirles que ayuden a una mujer brava y recta que se está muriendo con voluntad de hambre, por ser brava y por ser recta. Pero sé muy bien que no es fácil movilizar las energías de la gente. El hambre, la muerte y los principios apenas si tienen valor en los mercados del mundo. Y los poderosos, como un califa Meliá en España, cuyos hoteles nublan los cielos de Cuba, siempre pueden cerrar el puño sobre la fuerte espada del dinero para desafiar como bravos, a los débiles obreros cubanos que, trabajando en dólares y pagados en pesos, no tienen manos, ni dinero, ni voz para clamar en el desierto.

Es entonces que el peso de lo inerte y la indignación frente al poder del mal me incendian el espíritu. Porque los que dan recto ejemplo de conducta, rasgan las cortinas de mentiras y pretextos con las que protegemos nuestro no hacer. Y aún el silencio de esos raros ejemplares hace brotar en nuestro interior una oscura eufonía de vergüenza. Por eso los admiramos y los evadimos. Porque su mera presencia nos hace perder la falsa firmeza de nuestro paso. Por eso quisiera poder visitar en su prisión a Marta Beatriz Roque Cabello para envolverla en admirativo cariño y aconsejarle que confiese su crimen. Porque ciertamente ella cometió un crimen: dijo la verdad. Y la verdad es peligrosa siempre, pero mortal en un régimen totalitario. El sistema totalitario se basa en una gran mentira montada sobre muchas pequeñas mentiras. Por eso le tiene terror a la verdad. A cualquier verdad. La más menuda verdad puede desgajar un fragmento y provocar el colapso del sistema. De ahí que, en Cuba, una vez condenaron a un infeliz a seis meses de prisión, enfundado en un espeso abrigo invernal. Porque el ciudadano se había quejado en público del calor de la isla. Decir eso, rezó la sentencia, era mentir sobre el clima para debilitar al turismo; y debilitar al turismo era dañar a la economía nacional, y dañar la economía nacional era desmentir al Gran Líder. Así funcionó y funciona el absurdo silogismo autoritario. El calor en Cuba no depende de la temperatura. Depende de lo que determine el Supremo.

¿Qué puedo, en tales circunstancias hacer por ti, Marta Beatriz Roque Cabello? ¿Enviarte un collar de nobles adjetivos? ¿A ti que estás allí, firme en la roca de tus principios, rodeada por la inflexible lógica del monstruo totalitario? Nada puedo decirte. Algo, quizás pueda hacer. Convocar a todos los que odian la injusticia, proclamar tu nombre como flecha acusadora, pedirle a todo el mundo que repita un clamor contra lo que está ocurriendo en la isla, y contra aquellos que justifican la sentencia. Con toscos argumentos, como la hija del Ché Guevara, quien declaró hace poco en la Argentina que los disidentes eran informantes pagados por el FBI americano; o con sutiles sofismas como repetir eso de que «ciertamente la revolución ha cometido errores pero... pero». Tal cosa puedo tratar de hacer con todas las fuerzas posibles. Pero nada vale más que tu denuncia, apoyada por tu voz y tu conducta. Piénsalo Beatriz. Muchos mortales pueden alzar tu ejemplo y alimentarse de tu energía. Pero ningún mortal puede pedirte más de lo que has hecho.

FIDEL Y EL FANTASMA DE LA DEMENCIA[89]

E n la frígida Alaska, cerca del Kuskokwim, en cuyas márgenes aún se alza el trémulo aullido de los lobos, hay tres pequeños túmulos donde reposan los restos de tres cubanos que allá murieron en busca de trabajo. Esas tres tumbas señalan la periferia nórdica de un vasto círculo de tumbas cubanas que va desde Alaska hasta la Argentina; de Viet-Nam a Zaire. Por escapar de la opresión o por obedecer a los opresores, miles de cubanos han muerto en cercanas y remotas latitudes. Algunos murieron en las nieves, con la imagen del trópico en las congeladas pupilas; otros se hundieron bajo las olas que baten la isla; miles cayeron en Angola, en Yemen o en Bolivia, combatiendo a enemigos que no eran sus enemigos; cientos han perecido en ocultos fusilamientos, o abandonados en oscuras prisiones.

En el centro de ese extenso osario, en las entrañas de Cuba, el Líder que inició esa fúnebre noria, sigue soplando odios y amenazando con convertir a la isla en un cementerio de vidas y esperanzas. El Líder

---

[89]   Publicado en *El Nuevo Herald*, Miami, 4 de noviembre de 1999.

está solo. El Líder siempre ha estado solo. El Líder no piensa en los muertos lejanos o en los sufrimientos cercanos. El Líder vive envuelto en su purpúrea gloria. Él es el Profeta Armado de la revolución insaciable. El Líder que ha desangrado a Cuba para «ponerla en el mapa». El que envió cubanos a morir en Siberia y en Eritrea. Jamás nación alguna ha sacrificado tantos hijos en empresas inútiles, o pagado tan alto precio por la gloria de un Líder que aún se yergue sobre el resquebrajado pedestal que es hoy Cuba.

En la expresión del Líder, sin embargo, últimamente se trasluce una expresión de desconcierto. Cosas ocurren que él no comprende. Su prestigio internacional desciende, las acusaciones crecen. Y él no encuentra palabras que galvanicen a un pueblo exhausto. Ya ninguno de sus visitantes viene a rendirle tributo por su talento revolucionario. Todos hablan de unos insolentes «derechos humanos» que se les deben conceder a quienes desafían sus órdenes. Ocasionalmente hasta ha creído notar en sus oyentes sonrisas de burla. ¿Cómo le puede ocurrir eso al Profeta Tronante que conmovía al mundo? Al Líder a quien pedían consejos Kruschrev, Sukarno y Ben Bella, y quien ayudó a Allende, en Chile; a Velasco Alvarado en el Perú; a Bishop en Grenada?.. Un turbio pensamiento truncó el monólogo. Todos esos líderes están muertos. Algunos de ellos aniquilados por sus propios pueblos. Largos años han pasado desde la inicial gloria de la revolución. ¿Cuantos años? Automáticamente el Líder se vuelve para preguntarle al presidente Dorticós, a quien él puso en el poder. Otro estremecimiento lo sacude. Dorticós esta muerto, suicidado, como la leal «compañera» Haydee Santa María, como el Comandante Félix Pena. La lista se alarga. Camilo Cienfuegos, «Ché» Guevara, Arnaldo Ochoa, Abrahantes. ¿Abrahantes? Él no recuerda haber ordenado su muerte. El «compañero» Abrahantes debe estar vivo en algún lugar.

El Líder se agita. ¡Es preciso desenmascarar a los hipócritas presidentes que vienen a nuestra «cumbre» a balbucear sandeces democráticas! ¡Es preciso convocar a otra Asamblea de revolucionarios! Que vengan a Cuba líderes como el cura colombiano Camilo Torres, como el peruano Luis de la Puente Uceda, como el guatemalteco Turcios

Lima. Otro vacío abraza su memoria. Los huesos de todos esos derrotados guerrilleros blanquean las «vértebras enormes de los Andes».

Haciendo un esfuerzo, el gran Líder se pone de pié y avanza hacia el estudio donde lo esperan las cámaras de televisión. El público aplaude disciplinadamente. «¡Compañeros! Hoy como siempre hay que comenzar por enumerar a los enemigos de la revolución! A los curas y a las monjas que pretenden 'ayudar' a los pobres, cuando en Cuba no hay pobres; a los llamados disidentes, que se hartan de comer en las prisiones; a las mujeres que no agradecen la liberación que les regalamos; a los estudiantes que no estudian; a los negros a quienes les concedimos la igualdad racial; a los haraganes campesinos que no quieren cortar caña. Y a todos los vendidos al imperialismo norteamericano». El Líder se interrumpe. «El compañero Robaina va a denunciarlos en las Naciones Unidas». Pánico en el estudio. Una nota llega a las manos del Líder. El Líder la mira y aclara; «Robaina formulará esa denuncia cuando termine de estudiar las campañas militares de Tutankamen que le está enseñando el compañero Abrahantes». Un susurro de pavor llega a sus oídos. «Bueno», rectifica el Líder, «cuando Abrahantes salga de donde está».

En el cuarto se queda solo el silencio. El Líder mira en derredor y, con voz angustiada pregunta «¿Voy bien Camilo?». El estudio se congela. Camilo desapareció hace cuarenta años. Todo el mundo recoge el aliento para ahogar sonidos. Aturdido, el Líder repite en voz baja, «¿Camilo, voy bien?». Pero nadie en el cuarto, nadie en la ciudad, nadie en la isla, le responde.

LA ETERNIDAD DE CASTRO[90]

U no de los aspectos más pesarosos del proceso cubano es la prolongación «ad infinitum» de la dictadura de Fidel Castro, cuyos previos cuarenta años de mando han caído sobre las espaldas del pueblo cubano aplastando casi todas sus esperanzas.

La historia demuestra que ese sueño de mantenerse en el poder hasta el infinito, ha sido natural anhelo de los dictadores, pero, también sabemos que muy pocos rebasaron la marca de treinta años en el mando y sólo un puñado traspasó la marca de cuarenta. Cuando, por ejemplo, al Emperador cristiano Constantino II le sugirieron que eligiera un título que envisionara su reinado, el joven mandatario inclinó modestamente la cabeza y, como era mozo, eligió «Nostra Eternitates». Escasamente tres años más tarde una lanza de cruel bronce envió a «Nostra Eternitates» a los sombríos recintos de donde no se retorna.

Mejor o peor suerte, dependiendo de como sea su final, le ha tocado a nuestra cubana «eternidad», a Fidelus Funestus Castro, Líder

[90] Publicado en *El Nuevo Herald*, Miami, 24 de marzo del 2001.

Máximo y, según su hermano Raúl, «papitus in extremus» de todos los cubanos. Pero, por encima de los aplausos o las maldiciones, el hecho cierto es que Fidel Castro está a tres años y medios de llegar a los cuarenta y cinco e imponer un record de permanencia despótica. ¿Cómo puede explicarse tan dilatada dictadura? ¿que factores apuntalan a esa larga tiranía? Múltiples razones se han esbozado para dilucidar el excepcional fenómeno, una son de crasa simplicidad y otras de oscura complejidad, pero ninguna de ellas, ni el conjunto de todas, bastan para esclarecer cabalmente el enorme enigma de esa perdurabilidad.

Supongamos, por el mero deleite de acercarse al asunto con una hipotética tesis, que hasta 1970, a pesar de la creciente represión, la mayor parte del pueblo cubano quería que Fidel Castro se quedara en el poder, es decir, las condiciones de vida no eran durísimas y mucha gente creían con fe viva en Fidel, convencidos de que el Líder los iba a conducir a mejores niveles económicos y sociales. Para 1990 la mayoría de los cubanos, sacudidos por el colapso de la Unión Soviética y los visibles fracasos del régimen, habían perdido la fe en las promesas del Líder, pero, aparentemente, no estaban dispuestos a hacer nada por desafiar, con acciones o declaraciones, al aparato represivo del gobierno.

Ese tránsito, de una fe viva a una fe muerta, ese paso del respaldo activo a la aceptación pasiva, no quiere decir que nadie en Cuba estaba actuado heroicamente para enfrentarse al gobierno y crear una sociedad civil. De ahí que mi tesis no se refiera, ni de lejos, a los bravos disidentes, que siguen luchando contra los abusos y las mentiras del régimen. Apunto a lo que usualmente llamamos «mayoría», a los que aún ahora al comenzar la centuria, aplauden sin entusiasmo a las manifestaciones oficiales, pero evaden el cruzar las líneas de la protesta.

En Cuba, esa inercia masiva, ese aceptar las condiciones de vida y ver como el dólar gana todo y lo permite todo; ese temerle a la drasticidad del cambio; ese pensar en la posibilidad de escapar a los Estados Unidos, esa quejumbre sin ira ni rebeldía, es una base que sustenta más la permanencia de Castro en el poder que el miedo a la dura mano del gobierno. Como ocurrió en 1960, o desde 1960, los cubanos prefieren escapar hacia el norte que enfrentarse a la dura realidad del castrismo.

«Sí, es cierto», parecen susurrar muchos cubanos, «no hay comida, ni jabón, pero uno se escurre y vive, uno hace cola y vive, uno juega con la corrupción para salvarse y vive, uno se encoge de hombros y vive». ¿Y que pasaría si, súbitamente, Fidel Castro desapareciera? No sé, ni quiero imaginarlo. Alguien hará algo. Mientras tanto yo me escurro y vivo y sobrevivo. «Y me disfrazo de Noviembre para no infundir sospechas». Y corro delante de mi sombra para que nadie pueda perseguirme. Y me quejo hacia adentro para que nadie me oiga. Y digo que Ochoa está bien fusilado para que oigan los oídos de los oidores oficiales. Y espero dentro de mi ombligo por tiempos mejores. Algún día el viejo loco va a desaparecer, y entonces las cosas van a cambiar. Mientras tanto yo envejezco en mi fingida locura y le hago coro al loco... aunque ya yo ni sé si yo también estoy loco y si la máscara que me oculta la faz ha pasado a ser mi cara. . Pero no es mi culpa, estoy forzado a vivir la hora del instinto que es la hora del instante, del escapar día a día y el de no proyectad nada.

«Y sobrevivo... y sobrevivimos... después y después ya veremos».

Mientras tanto, confiando en una inercia que ha paralizado a muchos otros pueblos, «Nostra Eternitates» se permite el lujo de culpar a todo el mundo de los males que él mismo ha derrumbado sobre la isla, mientras avanza parsimoniosamente hacia los Cuarenta y Dos Años de poder absoluto. A veces parece que los dioses se equivocan.

EL PUEBLO Y EL LÍDER[91]

He comenzado a leer el ensayo de mi admirada Martha Beatriz Roque, recién publicado en una excepcional edición de la revista «Encuentro de la cultura cubana», dedicada esencialmente a escudriñar el camino y las posibilidades de la Cuba futura. Como todos sabemos, la tarea de desentrañar las acciones de un pueblo y enseñarnos a comprender por qué ese pueblo actuó así implica el caminar sobre válidas hipótesis.

Por eso mismo señalo que si una dictadura dura mucho tiempo es preciso examinar al pueblo en busca de las motivaciones que lo llevaron a un largo apoyo a la revolución. La cuestión es difícil porque en casi todos los procesos que encajan largas dictaduras, la mayor parte de los analistas se concentran en estudiar al líder. Lo cual no es nada criticable, pero suele significar el evadir el estudio del pueblo, del otro brazo del dualismo «'pueblo-líder». Así el análisis del régimen nazi se concentra en Hitler y pocos estudian el carácter del pueblo alemán. En

---

[91] Publicado en *El Nuevo Herald*, Miami, 17 de marzo del 2002.

el caso de Cuba ocurre algo parecido; Fidel Castro es el centro del poder, y de la economía y de todo. ¿Qué va a ocurrir cuando Castro desaparezca? «No será fácil», escribe Martha Beatriz Roque, «eliminar de la mente del cubano el espectro de la propaganda comunista, que no se ha cansado de plantear que, si existe una transición, iría acompañada del despojo de los llamados 'logros' de la revolución»'.

De ahí que a mí me parezca fascinante tratar de entender las reacciones del pueblo cubano ante las primeras imágenes de la revolución triunfante. ¿Fueron movidos por la propaganda? ¿llevaban adentro una inesperada cuota de resentimiento? ¿fue el carisma de Fidel? Por lo pronto, y sólo contribuyendo a las puertas que abren esas preguntas, ofrezco mi reacción ante una de las primeras escenas del drama o la tragedia de un pueblo que parecía ser fuente de alegría, contradictorio en sus expresiones, donde yo, y me delato culpable, nunca vi, ni escuché gritos de odio contra los americanos, ni que pidieran la muerte porque el líder gritaba un nombre.

He aquí lo que sentí y escribí cuando se perpetró el juicio público, ante más de trescientos mil cubanos, en contra de un verdadero héroe de la revolución, Huber Matos, quien, de paso sea dicho, acaba de publicar sus memorias. Las palabras de este artículo fueron publicadas en *Prensa Libre* el 1 de noviembre de 1959. ¿Cómo podía yo explicarme tal brutal cambio en mi pueblo? No me lo explicaba. Y puedo confesar que aún no lo entiendo cabalmente.

«Paredón... Paredón»
«Ha sido una semana cargada de hechos pesarosos, de acontecimientos que gravitan sobre el alma con una indefinible sensación opresora. Primero fue el terrible espectáculo de una muchedumbre coreando a grito unánime un solo vocablo: '¡Paredón! ¡Paredón!' Parecía que se trataba de un tema de música popular; pero se trataba de un muro agujereado por las balas y de hombres silenciosos avanzando en el amanecer hacia la muerte. Tenía un eco alegre. Pero implicaba la decisión final sobre la vida o la muerte de unos compatriotas encarcelados. Y como creo que la existencia es

el más alto valor que tiene el ser humano; y como creo que la sociedad tiene alguna vez el derecho a suprimirla, pero nunca así, al desgaire de una plaza pública, bajo el frágil enardecimiento de una muchedumbre frenética, mi alma se llenó de pesadumbre.

»Y frente al grito rítmico y masivo, con la insistencia de una pesadilla y la tenacidad de un latido, mi angustia interior se me desdoblaba en múltiples tenaces preguntas: ¿dónde estaba toda esa gente mientras allá en la Sierra el hombre contra el cual vociferaban se jugaba la vida por la libertad de Cuba? ¿Qué hacían entonces todos esos exaltados que ahora, bajo la tremenda impunidad del número, palmotean y demandan la muerte de una persona a quien no se le ha dado la oportunidad de defenderse, contra quien no se ha aportado todavía ni una sola prueba válida?

»¿Es que la libertad, la vida y el prestigio de seis millones de ciudadanos van a depender de lo que griten en una arena pública una facción airada de esos seis millones?

»Cierra la semana con un balance de pesadumbre. Vuelven los tribunales revolucionarios, se nos desaparece un héroe, y nos queda inserto en la retina el sombrío precedente de un hombre juzgado a voz en cuello en una arena pública. Y detrás, como en las tragedias griegas, queda resonando un coro oscuro e implacable que martillea sobre las conciencias un solo terrible vocablo: '¡Paredón! ¡Paredón!'».

Tengo el dato, aún recuerdo mi sentimiento, pero no sabría qué contestar si me piden una explicación sobre esa conducta colectiva. ¿Había ocurrido un cambio o los cubanos han sido siempre así y yo no lo había notado? No lo sé. Confío en que alguien ofrezca una clara interpretación.

¿QUÉ PIENSA USTED DE PAYÁ?[92]

L a pregunta surge en los más insólitos ambientes y de bien variados personajes. Como casi siempre ocurre entre cubanos, la misma persona que dispara la pregunta dispara de inmediato su respuesta: «Porque yo le voy a decir lo que yo pienso de Payá». Y la charla se despliega entonces entre comentarios y afirmaciones a favor o en contra del líder católico y de su Proyecto Varela.

Confieso que sólo una de las tesis contra Payá me ha dejado con un sabor amargo. Es la que insinúa que si Castro lo dejó salir y volver a Cuba sin castigarlo es porque Payá es un agente enemigo. Se trata de una acusación que recuerda aquellas leyes sombrías de la Edad Media que procuraban eliminar a las «brujas». A quien se acusaba de ser bruja se le ataba y se le lanzaba al río. Si la mujer se ahogaba demostraba que era inocente, se le dedicaba una misa pidiendo perdón y se le enterraba en el cementerio. Si, por el contrario, la mujer se salvaba, ello demostraba que era bruja, se le quemaba en la hoguera y se le enterraba fuera

---

[92] Publicado en *El Nuevo Herald*, Miami, 2 de febrero del 2003.

del cementerio. La lógica de la ley era simple; el resultado, criminal. Es decir, en términos hipotéticos, si Castro castiga duramente a Payá, lo proclamamos inocente; y si Castro no lo castiga, lo juzgamos culpable y lo castigamos nosotros.

De ahí que mi reacción inicial ante la pregunta sobre qué pienso de Payá me lleve a evadir un juicio prematuro y a apuntar una innegable realidad. Y es que Payá ha logrado lo que nadie ha logrado en estos últimos tiempos en Cuba, en el exilio o en el factor internacional. Hacer que los cubanos de la isla oigan hablar de «democracia»; alentar a los disidentes; ganar premios en Europa, entrevistas internacionales, defender un proyecto político que plantea el uso de la propia legislación de la dictadura para debilitar a la dictadura, etc., cubre un campo asombroso.

Desde luego, detrás de esa realidad laten objeciones válidas a algunas ideas de Payá. Como, por ejemplo, la que advierte que el aceptar la legalidad de la constitución socialista impuesta en Cuba puede ayudar a que la dictadura muestre un engañoso programa de «reformas» que le permitan ofrecer una nueva y falsa imagen. Otra es lo que duele o molesta que Payá parezca prescindir del exilio e injustamente profundice la división entre los cubanos de la isla y los de Miami. Finalmente, que Payá no cree en la utilidad del embargo económico de los Estados Unidos.

Tales críticas son válidas, pero están lejos de ser irrefutables. En la primera, por ejemplo, la que señala el peligro de aceptar en Cuba a la constitución comunista, es posible hacer una breve y arriesgada comparación con el proceso de derrumbamiento que tuvo lugar en la Unión Soviética a partir de 1989, cuando la fosilizada burocracia soviética recibió el primer público ataque de los llamados «liberales» o disidentes. Grupos que usaban legales argumentos socialistas no para criticar a la nomenclatura oficial, sino para, «movidos por el patriotismo», enumerar y señalar todos los desastres económicos y políticos que estaban destruyendo la Unión Soviética.

El método fue eficiente. Las reformas que había instaurado Gorbachov con el glasnost y la perestroika no alcanzaban a satisfacer la creciente demanda de eficiencia y libertad. Muy pronto el sistema socialista cayó en una quiebra total. Es posible que en una Cuba arruinada esté ocurriendo ese proceso de que comunistas jóvenes, quienes pueden ver la extensión del desastre, intenten salvarse, quebrando «patrióticamente», porciones legales del gobierno más duro y fracasado de la historia cubana.

Estar en contra de levantar el embargo comercial puede ser válido y razonable, pero hoy en día el embargo luce pálido y no muy popular. Si los *ferries* van a Cuba cargados de exiliados; si muchos políticos americanos siguen apoyando a los granjeros que cobran en Cuba su dinero en cash; si se planea un nuevo frente de hoteles para turistas en las islas y cayos del sur de Cuba; y si los exiliados siguen enviando miles de dólares a la isla, no creo que sea muy antipatriótico criticar la supervivencia de un «embargo» cada vez más lánguido.

Por último, no creo que Payá haya usado un tono despreciativo al referirse al exilio. Es posible que su mensaje implique no dar sensación de alianza con el exilio y evitar que la prensa cubana, y algunos periodistas extranjeros, quisieran vincularlo a «la mafia cubana de Miami». Pero la mayor parte de sus declaraciones envían un sentido de unicidad a los exiliados cubanos.

Por otro lado, si la situación cambia en Cuba, ¿qué puede hacer alguien en contra del exilio que vuelva o quiera volver a una isla arruinada que va a necesitar todo tipo de ayuda? La pregunta provoca una sonrisa. No olvidemos que cuando Su Eminencia el cardenal Ortega hizo ciertas no eminenciales declaraciones, rebajando la importancia de la visita al Papa de Payá, la presión en Cuba y en el exilio lo convencieron a cambiar el tono y celebrar la honestidad y a Payá como católico. La unión sigue y seguirá.

Pero queda otro resultado, relacionado pero no producido por Payá. En el exilio, cargado de desengaños e ilusiones, nos hemos inclinados últimamente más y más a dialogar, a reducir los apasionamientos negativos, a recordar que la democracia se basa en mantener abiertamente la propia opinión y, mientras, con igual devoción, respetar la opinión ajena. Ese es el camino.

Eso es lo que pienso de Payá.

LA LÓGICA DE FIDEL CASTRO[93]

Ante la brutal represión que está sacudiendo a Cuba, donde un dictador empedernido y viejo quiere vengarse de todos los que se atreven a pensar o a pedir cambios; cuando nombres conocidos, admirados y respetados dentro y fuera de la isla han sido golpeados y arrojados a prisiones, condenados ya por el odio de un régimen que carece de remedios; al liberar mi indignación ante el infame espectáculo me llegó a la mente el pensamiento de un olvidado escritor colombiano, José María Vargas Vila, quien, cuando un desconocido le pidió ayuda para oponerse a una injusticia, narrándole el caso y quién él era, le respondió con una frase de mármol: «Yo no sé tu nombre, yo no sé tu falta, sólo sé que te llamas dolor; eres mi hermano»'.

Pienso que así deberíamos siempre juzgar y denunciar lo que ocurre en Cuba desde hace cuarenta y cuatro años. Es decir, cuando denunciemos los crímenes conocidos y salgamos a defender a escritores, a políticos que yacen en prisión, a médicos condenados al hambre

---

[93] Publicado en *El Nuevo Herald*, Miami, 6 de abril del 2003.

y a la enfermedad, debemos señalar siempre que hay cientos de cubanos poco conocidos, cientos de ciudadanos anónimos golpeados por las fuerzas represivas, humillados en público, arrojados a las cárceles entre puñetazos y risas. Los grupos que han hecho una noble misión de acusar y denunciar todas las violaciones de los derechos humanos en la isla deberían continuar llamando la atención sobre la permanente desgracia de miles de cubanos a los cuales podíamos referirnos con una frase parecida a la del colombiano: ``Yo no sé tu nombre, yo no sé tu falta, sé que eres cubano y que sufres una permanente injusticia: eres mi hermano».

Claro que sería alentador comprobar que los demócratas de la América Latina, individuos o grupos, saben lo necesario que es defender y fortalecer la democracia y están dispuestos a alzar sus voces para denunciar el monstruoso atropello de arrestar a ciudadanos antes de señalar cuál es el crimen, y que cuando se señalan los crímenes se comprueba que no hay delito, pero sí hay sentencia. Lamentablemente, aunque unos pocos grupos, honrosamente integrados por obreros, y algunos hidalgos de pluma en ristre han denunciado la violación de los derechos humanos en Cuba, y reivindicado el prestigio de la democracia. Pero los fuertes, los que mandan, los políticos se mantienen en silencio. Tales ciudadanos han aceptado el curioso silogismo de que regañar a Fidel Castro es darles gusto a los americanos y provocar a la izquierda. De donde resulta que es mejor, no, perdón, es más políticamente correcto condenar una guerra en Irak librada contra un pavoroso criminal como Saddam Hussein, que criticar otra violación de los derechos humanos cometida por el «presidente» Fidel Castro (elegido por el 99.999% de los votos) cubanos. Ese cómplice silencio es tan nefasto como el aceptar la dictadura.

Tal complicidad con la injusticia es una de las razones por las que Fidel Castro tiende a despreciar la democracia y a los demócratas de nuestra América. Para Castro, el poder es lo único que cuenta, la represión lo único que debe ser eficiente. Observen su expresión cuando se inclina a firmar alguno de los tantos documentos en una de las tantas «cumbres» donde se elogia la democracia, o recuerden cuando comentó la actitud del presidente actual de México, enfrentándolo con una conversación telefónica privada hecha pública, la cual fue motivo de risa en la Habana. Más tarde el mismo presidente le pidió favores a su «amigo» George W. Bush y le negó todo apoyo en las relaciones internacionales donde México no tenía nada que perder. Así como la expresión de burla de Raúl Castro cuando mencionó en la televisión ``los generosos regalos que el presidente del Ecuador (el anterior) le había hecho al presidente cubano, a nuestro Fidel».

Es por eso que resultaría soberanamente interesante que lanzáramos una rápida y objetiva mirada al continente tratando de vislumbrar hasta qué punto el silogismo ilógico de no criticar a Castro, no importa cuál haya sido su crimen, ha tenido resultados positivos para la democracia o, por el contrario, ha favorecido la supervivencia y expansión del desorden, la violencia y la dictadura. Esa mirada, desde luego, implica dar juicios honestos. Es decir el hecho de que hoy en día a Venezuela se le clasifique como democracia significa no reconocer el «talento» revolucionario de Chávez ni la violencia destructiva de su «revolución bolivariana».

Una rápida perspectiva sobre el tema lleva a una preliminar y nada científica conclusión: en la América Latina hay hoy cinco democracias, un régimen indefinible, un gobierno dictatorial socialista, dos democracias de violencia y once seudo democracias. El conjunto arroja un balance negativo del proceso democrático y otro positivo del ejemplo castrista. Lo cual nos lleva a examinar brevemente qué está pasando en Cuba.

Lo que ocurre en Cuba en estos momentos es la etapa final del endurecimiento mental de un líder que ya no tiene nada que ofrecerle al pueblo. Esa política antes la disimulaba Fidel Castro, cuando anunciaba «nuevas proyectos». Los mediocres proyectos hundían aún más la economía y el líder llegó a una férrea conclusión: yo mantengo el poder, todo intento de cambio es un crimen y todo crimen merece castigo. Esa es la fórmula fosilizada del viejo dictador. Y nada lo va a hacer cambiar.

Pero el pueblo sufre cada vez más, hay mucha gente estudiando la transición y eventos internacionales, como la derrota de Saddam Hussein, pueden replantear nuevos horizontes. Esperemos.

EL IMPERIALISMO DE LOS LACAYOS[94]

E n estos momentos, cuando el prestigio de Castro y su revolución ruedan bajo el fango de su violencia y llueven contra él cientos de denuncias y rechazos, vale la pena escrutar cómo ha sido posible que la acusación favorita del dictador se haya convertido en la más penetrante acusación de su régimen. Porque es obvio que cuando Castro y sus lacayos quieran insultar hoy a los «lacayos del imperialismo americano», tienen que recurrir a una lista tan larga de políticos, intelectuales, proletarios, estudiantes e izquierdistas, que es el régimen cubano el que se ha quedado solo. Son los miembros de ese régimen y su jefe los que han aplicado las duras bajezas de delincuentes, que por años fueron serviles lacayos del «imperialismo soviético", y que desde su inicial victoria «revolucionaria» les aplicaron a sus compatriotas los «métodos» que sólo gustan de aplicar los «lacayos del poder», golpes, muertes y torturas a todo el que, en Cuba o fuera de Cuba, trate de desplegar la verdad sobre lo que está pasando en la isla...

---

[94] Publicado en *El Nuevo Herald*, Miami, 4 de mayo del 2003.

Lo cual es significativo, porque en la árida mente de Fidel Castro, donde no queda rastro de ideas, una sola palabra ha sobrevivido al colapso de sus temas, una sola palabra brota siempre del confuso temblor de sus barbas: la palabra «imperialismo». No «democracia», que fue traicionada al principio; no «marxismo», fracasado después, ni «la teoría de la guerrilla», sustituida hoy por el amedrentado pacifismo del líder. Lo cual no quiere decir que él haya estudiado teorías. El líder desprecia a los intelectuales y a los artistas; sólo le interesa tantear las frases que pueden ganarle popularidad, no consistencia. Ahí está su añejo y agotado mérito: Castro encontró siempre la manera de hacer popular o detestable a figuras políticas o doctrinas que él mismo había exaltado. Así fue como, por citar un significativo ejemplo, mencionamos al «héroe de la revolución», el general Arnaldo Ochoa, quien, al estilo staliniano, recibió la más alta condecoración revolucionaria y luego fue fusilado por orden del gran jefe.

Tiraron, ¿cómo fue que pudieron tirar? / Mataron, ¿cómo fue que pudieron matar? / Eran cuatro soldados y les hizo una seña / un señor oficial. Eran cuatro soldados / que estaban atados, / lo mismo que el hombre amarrado / que fueron los cuatro a matar.

Esa bien emotiva condena a los cuatro lacayos la escribió don Nicolás Guillén, «un poeta comunista que supo vivir muy bien». Pero lo importante es subrayar que se publicó mucho antes de que en Cuba comenzaran los fusilamientos «revolucionarios». Es decir, que sólo cuando la revolución castrista inyectó el odio en el pueblo e irguió a los «tribunales revolucionarios» como instrumentos de injusta justicia, fue que la pena de muerte se hizo cotidiana. Al mismo tiempo, quebrando la verdad, Castro, afirmó que el imperialismo americano es la raíz de todos los males del mundo y la causa de todas las desgracias cubanas. La ventaja del calificativo «imperialista» es que no tiene nombre ni rostro definido, lo cual permite lanzarlo contra quien el dictador señale: un ganadero, un sacerdote, un obrero, burgueses o campesinos.

Así fue como, por unas cuantas décadas, tres factores contribuyeron a darle un aspecto positivo a ese rejuego político de Castro. Primero, repitiendo lo que el poeta ruso Boris Pasternak llamaba «la deslumbrante mentira» del comunismo, Castro divinizó la Unión Soviética, proclamó que el futuro estaba en manos de Rusia y que el capitalismo americano marchaba hacia el colapso. En esa época, el «bloqueo imperialista» le merecía sólo burlas. Segundo, las guerrillas iban a vencer y a liberar a la América Latina del imperialismo americano y de sus lacayos, aupando al más glorioso líder de la historia. Una combinación de Napoleón, Bolívar y Marx.

Veamos cómo está hoy ese panorama. En primer lugar, el paraíso soviético se hundió y toda la Europa del este barrió a los insectos comunistas y se inclinó hacia los Estados Unidos. Por otro lado, aplastada por la ineficiencia de la dictadura, Cuba cayó en una miseria que abate a todo el pueblo. Las famosas guerrillas campesinas y urbanas fueron derrotadas y sustituidas por bandas terroristas y traficantes de drogas. Los Estados Unidos son la única superpotencia y superdemocracia que reina en el mundo. Y a Castro sólo le quedan dos instrumentos políticos, la propaganda y la represión. La propaganda ha perdido las imágenes positivas del castrismo, mientras que las negativas, el hambre del pueblo y el abuso y discriminación que sufren los negros cubanos son visibles. Ningún negro ocupa posiciones importantes y los tres cubanos recientemente fusilados en Cuba eran negros: ¿cómo es que los poderosos negros americanos y todos los que luchan contra los prejuicios, y el propio exilio cubano, no piden investigaciones sobre esa situación y ese crimen racial? En cuanto a la represión, lo trágico es que es la última arma que le queda a Fidel, quien está llamando a su viejo tema, el apocalipsis, el incendiar a Cuba y caer combatiendo.

Finalmente, tengo una observación para los lacayos del imperialismo castrista. No para los asesinos y torturadores, sino para los que piensan que es posible torcer la moral para al menos ganar algo de mejoría económica. Recuerden que el líder no agradece nada; que cada vez que impone una catástrofe, hace que alguien pague por él, siendo, además, condenado como lacayo del imperialismo americano. Y aun los castigados quedan a merced de otros castigos. Cada vez que oigo de los «delatores» que traicionaron a sus compañeros, o veo a Pérez Roque hablando, me acuerdo de Robertico Robaina, aquel brillante ministro de Relaciones Exteriores que se hizo demasiado popular y se esfumó de repente... ¿A dónde fue a parar Robertico Robaina?.. ¿Adónde irán a parar los delatores?..

¿Adónde irán a parar los delatores?

EN BUSCA DE UN GESTO, SEÑOR PRESIDENTE[95]

S é muy bien, o por lo menos así lo siento, que criticar al Presidente de los Estados Unidos, o a las más importantes figuras políticas del país, está muy lejos de ser tarea grata. No porque una crítica implique la violación del más básico derecho que otorga la democracia, ni porque la opinión personal, en este caso la mía, tenga peso alguno en un argumento.

Se trata de plantear interrogaciones y dudas al gobierno del país que más generosamente nos abrió sus puertas y nos acogió como ciudadanos, cuando el dictador Castro impuso en Cuba una brutal dictadura totalitaria. Tal deuda espiritual, que nunca olvidaremos, lleva a vacilar antes de desplegar una censura. Lo cual no quiere decir que en muchos casos no se esté en el deber de desplegar una opinión que, aun cuando la consideremos positiva para toda la comunidad, envuelve un claro aire de crítica. Es así como creo que, a veces, una disputa minoritaria puede servir de ejemplo a cómo evitar graves conflictos.

---

[95] Publicado en *El Nuevo Herald*, Miami, 4 de agosto del 2003.

En este caso, se trata de un presidente, George W. Bush, que inauguró su marcha oficial con paso firme y orientación certera, y quien, ante la gravísima emergencia del terrorismo, movilizó a las fuerzas armadas de América y restableció el prestigio de los Estados Unidos como defensor de la libertad y de la democracia. Hasta hace poco, las estadísticas de los más serios sondeos indicaban que, a pesar de una oposición ya bien conocida, la mayoría del pueblo americano respaldaba al Presidente. Pero algo ha pasado, o varias cosas han pasado, que señalan la pérdida de rumbo en la Casa Blanca.

Obviamente, la insinuación de que tal desviación existe en los mandos de la Casa Blanca obliga a mencionar que se poseen conocimientos de datos y fuentes que sirven de base a las afirmaciones. Puedo asegurar de inmediato que tengo una ignorancia enciclopédica que me inclina a buscar generalidades y a depositar preguntas y que, por obvias razones, busco escenarios históricos que conozco. Como la experiencia cubana. Que me permite señalar uno o dos ejemplos de «gestos» de Washington que han dejado atónita, y ciertamente dolida, a la mayor parte de la minoría cubana que, como ha comentado repetidas veces la prensa, votó y luchó masivamente para elegir a George W. Bush.

Me he referido a «gestos», porque es así más fácil superar mi desconocimiento y concentrar los símbolos que han dejado huellas en las relaciones cubano-americanas. Precisamente, porque me limito a mencionar acciones públicas aparentemente superficiales, pero que no implican enseriar los argumentos y ofrecer estadísticas. Me limito a mencionar «gestos» y a citar a uno de los más famosos diplomáticos de la historia, Charles Maurice Talleyrand, quien decía que la política internacional y la diplomacia se reducen a una elegante colección de gestos.

Pongamos, por ejemplo, la conmemoración del aniversario de la fiesta nacional de Cuba, celebrada los 20 de mayo. En el pasado, casi todos los presidentes americanos habían hecho algún gesto para declarar su unión a esa fiesta nacional de Cuba. Esta vez, como exclamaban algunos entusiastas, se trataba de «nuestro presidente». El presidente actual no fue, ni envió a nadie, creo que sólo mandó una breve nota. ¿Por qué? Todos sabemos que el Presidente está soberanamente ocupado, que un gesto le cuesta tiempo vital, pero también el Presidente sabe cómo enviar un saludo, o a un funcionario que hable español. Precisamente por eso es que las minorías piden gestos de solidaridad.

Detrás de tal silencio queda una visible pasividad. Ninguna medida que elimine o modifique la Ley Helms-Burton se discute hoy en día en Washington; no sabemos de una ley o proyecto que trate de hacerle la vida más dura al gobierno castrista, ni que provoque una condena oficial a los abusos en la isla, a las palizas con que los «diplomáticos» castristas trataron de batir a los cubanos exiliados en París, y al fusilamiento de tres cubanos que querían escapar de la isla.

Precisamente esa ausencia de gesto se manifestó en un evento reciente y de hondo impacto: el arresto en alta mar de un camión-barca donde se escapaba un grupo de cubanos con iniciativa. En el antiguo mundo comunista-soviético, Nikita Jruschov levantó en Berlín una torva muralla alambrada y erizada de rifles que hacía difícil o mortal el tratar de escaparse. Pero si alguien lograba escaparse, si algún niño era lanzado por encima de la muralla, caía en los brazos abiertos de amigos o familiares que vivían en el mundo occidental. En Cuba, a noventa millas de la Florida, el cubano que quiera escapar tiene que desafiar un mar de oleadas y corrientes. Y si a pesar de todo logra acercarse a las playas de la libertad, la marina americana lo devolverá a su tierra, a su prisión o a su fusilamiento.

Se trata de otro gesto silencioso, pero no vacío. El presidente Clinton envió de vuelta a Cuba a un niño llamado Elián, proclamado de inmediato «héroe» de la revolución. Es posible que el presidente Bush rectifique el rumbo de nuevo y nos haga un gesto que nos muestre el camino a la esperanza.